21世纪金融学系列教材

中级投资学

Intermediate Investment

■ 吴建军　主编

WUHAN UNIVERSITY PRESS
武汉大学出版社

图书在版编目(CIP)数据

中级投资学 / 吴建军主编 . -- 武汉：武汉大学出版社,2024.12.
21 世纪金融学系列教材 . -- ISBN 978-7-307-24708-6

Ⅰ. F830.59

中国国家版本馆 CIP 数据核字第 2024CP5496 号

责任编辑:范绪泉　　　　责任校对:汪欣怡　　　　版式设计:马　佳

出版发行:**武汉大学出版社**　（430072　武昌　珞珈山）
（电子邮箱:cbs22@ whu.edu.cn 网址:www.wdp.com.cn）

印刷:湖北恒泰印务有限公司

开本:787×1092　1/16　印张:10.25　字数:231 千字　插页:1

版次:2024 年 12 月第 1 版　　2024 年 12 月第 1 次印刷

ISBN 978-7-307-24708-6　　定价:38.00 元

前　　言

　　投资作为经济运行中的重要变量，直接影响一个国家的资本形成与积累，在促进经济增长、优化经济结构、提升经济效率上起着决定性的作用。同时，投资是企业实现价值最大化、增强竞争力的重要手段，也是个人或家庭分享社会发展成果的重要途径。因此，无论是在宏观经济调控还是在微观操作实践中，深入掌握投资学理论知识都显得尤为关键。

　　这本《中级投资学》是作者基于多年为研究生讲授"投资经济理论"与"中级投资学"课程的相关内容编写而成的，旨在通过引导学生阅读经典著作与重要文献，深入理解投资学理论的渊源及逻辑体系，为学生未来的投资实践奠定坚实的理论基础。本书在微观维度上，以收益资本化原理为主线，剖析了跨期选择、利率、风险、资本资产定价模型等核心内容的理论内涵，并进行了相关评价。我们期望通过这一系列章节的学习，学生能够构建起投资决策的严谨逻辑框架，并对既有投资学理论的适用性有清晰的判断，从而增强理论识别力及批判思维能力。在宏观层面，本书围绕资本形成这一核心概念，系统地介绍了投资总量、有效需求原理、投资乘数、投资结构及融资结构等关键议题，旨在帮助学生深刻理解投资在宏观经济中促总量、调结构、提效率的重要作用，以及发挥这些作用的前提条件，使他们未来的投资实践具备宏观视野。

　　本书的编写过程中，我们广泛参考了国内外相关的著作、教材和论文，在此对相关作者和译者一并致谢。我的学生于雯慧、聂泽涛、刘彩华、杜瑾、吴曙光、徐凯、何溪、马辉、杜泽中参与了有关章节的编写，他们独到的见解对我有很大的启发，实现了教学相长和知识传承与创新。从本书体例及格式的确定到编辑出版，武汉大学出版社的范绪泉博士给予了全过程的指导和帮助，付出了大量的工作，在此表示深深的谢意。

　　由于作者水平所限，本书缺点与错误在所难免，恳请读者不吝赐教，以便今后修改完善。

吴建军

2024 年 9 月

目　　录

第一章 跨期选择与投资

本章首先介绍了经济主体的即期选择与跨期选择，指出投资是一种跨期选择行为，并从个体的角度说明了跨期选择或投资的影响因素。其次，结合企业追求价值最大化的投资行为，分析了实物投资与金融投资的联系与区别，并对企业投资决策的各种理论与方法进行了介绍与评价。

第一节 跨期选择与个体投资

一、即期选择

微观经济学中的消费者行为理论认为，经济主体将其所得的收入全部用于消费以期获得效用最大化。例如，假设一个消费者的收入为 M，只消费两种商品 X 和 Y，商品 X 的价格为 P_X，商品 Y 的价格为 P_Y，那么预算线可以表示为 $P_X X + P_Y Y = M$（X、Y 分别表示两种商品的消费量）。再假设此消费者的效用函数为 $U = U(X, Y)$。消费者为达到效用最大化，则有以下数学证明。

由效用函数 $U = U(X, Y)$ 和预算线 $P_X X + P_Y Y = M$ 得出拉格朗日函数 L。

$$L = U(X, Y) - \lambda(P_X X + P_Y Y - M) \tag{1-1}$$

则最佳消费组合应满足：

$$L_X = \frac{\partial L}{\partial X} = MU_X - \lambda P_X = 0 \tag{1-2}$$

$$L_Y = \frac{\partial L}{\partial Y} = MU_Y - \lambda P_Y = 0 \tag{1-3}$$

$$L_\lambda = \frac{\partial L}{\partial \lambda} = -P_X X - P_Y Y + M = 0 \tag{1-4}$$

整理得：

$$\frac{MU_X}{P_X} = \frac{MU_Y}{P_Y} = \lambda \tag{1-5}$$

公式(1-5)的经济含义是，一单位货币无论购买 X 商品还是 Y 商品所带来的边际效用要相等，并且等于货币的边际效用。如果一单位货币购买 X 商品所带来的效用大于购买 Y 商品所带来的效用，则这种情形不是均衡状态，经济主体将货币从购买 Y 商品转移到购买 X 商品，消费者的总体效用水平将提高。随着货币在 X 商品与 Y 商品之间重新配置，X 商品边际效用减少，Y 商品边际效用增加，直至达到公式(1-5)所表示的均衡状态。此时，经济主体失去了在各种商品间重新配置收入的动机，总效用达到最大。公式(1-5)的结论可以推广到多种商品的情形，即一单位货币无论购买何种商品所带来的边际效用都相等。

以上所指的消费者行为是一种典型的即期选择，其内涵是指经济主体在面临选择时，主要关注当前或近期的利益与结果，而较少考虑未来。这种选择往往基于直观的感受和短期的利益评估，缺乏对未来长期后果的深入考量。

二、跨期选择

即期效用最大化是在消费者将当期收入全部用于消费的假设下得出的。即期消费更注重"及时行乐"，强调在当下获得最大程度的效用。但在具体的经济生活中，经济主体在取得收入之后，往往并不是将全部收入花费掉，而是考虑当下以及未来各种可能发生的潜在因素，然后在综合考量这些因素未来会给自己带来何种影响的情况下，合理安排当期的消费量，以实现当下和未来效用的最大化。

假设某经济主体的一生分为两期：工作期及退休期，因而，他需要做两期决策。假定此经济主体在第一期有收入 W，第二期退休没有收入，其跨期效用函数为 $U = U(C_1, C_2)$，其中，C_1、C_2 分别代表他在第一期、第二期的消费，他在第一期进行投资的回报率为 r。若经济中不存在通货膨胀，则此经济主体应如何决策才能使他的跨期效用最大化？

由于两期内将钱全部消费掉，则其预算约束为：$C_1 + \dfrac{C_2}{1+r} = W$

建立拉格朗日函数：

$$L = U(C_1, C_2) + \lambda\left(W - C_1 - \frac{C_2}{1+r}\right) \tag{1-6}$$

对 C_1、C_2 和 λ 分别求偏导得：

$$\frac{\partial L}{\partial C_1} = \mathrm{MU}_1 - \lambda = 0 \tag{1-7}$$

$$\frac{\partial L}{\partial C_2} = \mathrm{MU}_2 - \frac{\lambda}{1+r} = 0 \tag{1-8}$$

$$\frac{\partial L}{\partial \lambda} = W - C_1 - \frac{C_2}{1+r} = 0 \tag{1-9}$$

由此可得：

$$\frac{\mathrm{MU}_1}{\mathrm{MU}_2} = 1 + r \tag{1-10}$$

公式(1-10)就是跨期效用函数的均衡条件，经济含义是，消费者在两期选择时，第一期1单位消费(货币)带来的边际效用与第二期1单位消费(货币)带来的边际效用之比为 $1 + r$。如果两者之比大于 $1 + r$，则表明第一期的1单位货币用于第一期消费所带来的效用大于用于第二期(此时变为 $1 + r$ 单位货币)所带来的效用，因而会增加第一期的消费，这会使第一期消费的边际效用 MU_1 下降，与之对应，第二期的消费量将下降,边际效用 MU_2 增加,直至达到均衡状态,经济主体失去了在第一期与第二期重新分配货币的动机,跨期效用达到最大。与之相反,如果两者之比小于 $1+r$,则表明第一期的 1 单位货币用于第一期消费所带来的效用小于用于第二期(此时变为 $1+r$ 单位货币)所带来的效用,因而会减少第一期的消费,这会使第一期消费的边际效用 MU_1 上升,相应地,第二期的消费量将增加,边际效用 MU_2 下降,直至达到均衡状态。

当面临两期以上的多期行为时,同样可以依据以上方法得出最优消费的条件,然后求出每期的最优消费量,从而使跨期效用最大化。

上例便是一种跨期选择。跨期选择又称为跨时选择,指的是个体在不同时间点或时期之间对成本、收益(或效用)进行权衡与选择的决策过程。跨期选择理论不仅关注当前的利益,还强调对未来长期利益的考虑,目的是实现跨期效用最大化。

由此可见,相较于即期选择,跨期选择引入了时间或跨期因素,改变了原有的前提假定。一方面,前提假定的改变意味着经济个体的行为分为两步:一是将当期的收入进行跨期分配,从而使跨期效用最大化;二是将当期分配到的收入配置到不同的商品上,使即期效用最大化。另一方面,改变后的假定更符合真实的经济行为。事实上,经济理论的演进和发展,正是基于改变或放宽理论分析的前提假定,使之更接近真实世界,从而具有更强的解释力。从这个角度看,从即期效用最大化转化为跨期效用最大化,也预示着经济学的分析从消费理论深化到投资理论。张五常指出:"投资是对消费在时间上的权衡轻重"。[1] 这一关于投资的定义,简单明了地揭示了微观个体从事投资的动因,即追求跨期效用最大化。

三、个体视角下的投资与储蓄

经济个体将消费之后的收入存入银行,或购买股票、债券等资产时,从投资标的的角度考察,这些资产既可以说是经济个体的投资,也可以说是经济个体的储蓄,两者是一回事,只是说法不同。从经济主体行为的角度考察,如果将投资与储蓄作为动词看待,那么将货币存入银行,或购买股票、债券这些行为,可以说是投资,也可以说是储蓄。如果将投资看作动词,将储蓄看作名词,显然,投资是一种行为,储蓄是投资这一行为的结果,两者在数量上是一致的。

投资与储蓄不一致的一种特殊情形是经济主体持有现金,类似于凯恩斯所指的"贮藏货币"[2],即现金的持有量。一方面,现金没有被花费掉,因而不能计入消费。另一方面,现金不能获得收益,显然不能认为是投资。在这种情形下,持有的现金可以被看作经济个体的储蓄,不应认为是经济个体的投资,出现了投资与储蓄的不一致。

一般而言,经济主体持有的现金数量占一定时期内(比如一年)收入的比例较小,并且具有固定的性质,在动态上可以忽略不计。因而,在经济分析中,个体角度的储蓄与投资可以不做区分,是同一经济现象的不同说法,本书在分析微观个体的投资行为时,有时为了叙述方便采用的是"储蓄"一词。

---

① 张五常.经济解释.北京:中信出版社,2019:43.
② 凯恩斯.就业、利息和货币通论.高鸿业,译.北京:商务印书馆,1999:179.

四、跨期选择的影响因素

由跨期选择的分析可以看出，经济主体如何将收入配置到现在和未来，取决于收入、利率以及跨期效用函数。

(一) 收入因素

1. 收入的数量

收入水平是影响跨期选择的首要因素。收入越少，将更注重眼前，即会把更小比例的收入用于未来消费，以满足现期消费。显然，对于在温饱边缘挣扎的人来说，很难考虑为明天做投资，因为让自己活下来是第一要务。费雪指出："贫困对于人生的所有时期都是重大的压力。但是，它加强对即刻收入的欲望却更甚于加强对将来收入的欲望。"[1]由此可见，在其他条件相同的情形下，穷人的储蓄率低、消费率高，富人的储蓄率高、消费率低。收入的数量对消费或储蓄的影响可以用凯恩斯的边际消费倾向递减加以解释。

凯恩斯在《就业、利息和货币通论》一书中提出，消费支出和收入之间有稳定的函数关系，即消费是收入的函数，可以表示为 $C = \bar{C} + cY$，其中 C 表示总消费，Y 表示总收入，$\bar{C}$ 代表自发消费，c 为边际消费倾向(Marginal Propensity to Consume，MPC)，即增加的消费和增加的收入的比率。凯恩斯认为，消费随收入的增加而增加，但消费的增加不及收入增加得多，即边际消费倾向递减。这一规律揭示了经济个体的收入是决定消费以及储蓄的最重要因素。

需要注意的是，凯恩斯提出边际消费倾向递减规律的初衷是为了解释宏观层面的有效需求不足。但是，这一规律实际上是基于微观视角，从收入这一价值量出发，分析宏观消费率进而储蓄率的决定，忽视了消费品与储蓄品(资本品)之间物质形态的差异及宏观经济演变的结构特征。从微观个体角度看，某经济个体可以依据收入状况分配自己的消费与储蓄。但是，在宏观层面，消费与储蓄的比例关系会受到此经济体产出结构的制约，即会受到消费品与资本品比例关系的制约，消费与储蓄及两者占总产出的比例是产出总量及结构的结果。

从现实考察，发达国家的消费率普遍较高，不是因为发达国家的消费品价格相对于资本品价格较高，而是发达国家随着产业结构的升级，跨越了以第二产业为主进而资本品产出相对较多的阶段，进入以第三产业为主进而消费品产出相对较多的阶段，即产出结构随着时间的推移发生了变化。进一步地，从长期看，这种产出结构的变化并非由微观主体的消费或储蓄意愿所导致，而是生产结构发生变化尤其是技术进步的结果。

一般而言，一个经济体在经济发展初期，主要以第一产业为主，第一产业的产出主要是消费品，因而储蓄率较低；第二产业得以发展后，产出的资本品相对较多，会导致储蓄率上升；当进入第三产业为主导，消费品尤其是高级消费品占比上升的阶段时，储

---

① 费雪. 利息理论. 陈彪如，译. 北京：商务印书馆，2013：65.

蓄率会相应下降。同时，随着产业结构的优化升级，技术进步在经济增长中的作用日益明显，经济增长方式更加集约，资源投入相对下降，也会导致资本品的产出占比下降，从而进一步降低储蓄率。总体来看，一个经济体的储蓄率随着经济的增长呈现倒"U"形变化趋势。虽然一个经济体以第一产业为主导与以第三产业为主导的时期消费率都较高，但是，消费总量及结构却有明显的差异。因此，如果运用微观思维依据边际消费倾向递减规律看待宏观层面的消费率或储蓄率，则会忽视宏观经济演变的结构特征，也就无法解释发达国家的储蓄率相对较低的现象。

综上所述，凯恩斯的边际消费递减规律属于微观分析的范畴，用这一规律解释宏观层面的消费率或储蓄率是陷入了运用微观思维进行宏观分析的误区。

2. 收入的时间分布

收入分布的时间形态不同，跨期选择也会不同。如果一个经济个体认为未来收入会增加，则会增加目前的消费率，降低储蓄率。反之，如果一个经济个体认为未来收入会下降，则会减少目前的消费率，提高储蓄率。这是因为，根据边际效用递减规律，就两个时期而言，哪一个时期收入相对较少，则会被更加看重，如果未来收入是增加的，则会看重现在的收入，将未来的收入移到现在，因而会提高当前的消费率。反之，如果预期未来的收入下降，则会看重未来的收入，将现在的收入移到未来，从而降低当前的消费率。费雪认为，如果"一个人的现在薪酬是 1 万元，但预料 10 年后将会在半薪下退休，那么，他对于现在的收入是不会比对于将来的收入有更高的偏好的。他甚至要将现在的丰厚收入储蓄一部分，以应对将来的需要。"[①]

弗里德曼的持久收入假说可以解释消费或储蓄受收入时间分布的影响。弗里德曼认为，经济个体的消费支出主要不是由他的现期收入决定，而是由他的持久收入决定。显然，经济个体如果预期未来收入下降，一个理性选择是将现在的部分收入转移到未来，从而降低当前的消费率，提高储蓄率。

3. 收入的不确定性

收入不确定性反映未来收入的波动性，不确定性的高低会影响当下的消费决策以及跨期选择。不确定性越大，即未来收入波动越大，经济个体通常会提高储蓄率，反之，经济个体则会降低储蓄率。

从风险的角度看，经济个体会看低有风险的收入，即"一鸟在手，胜于十鸟在林"，因而未来收入的不确定性相当于未来收入的降低，使经济个体更看重未来，将当前的部分收入转移到未来，从而降低消费率，提高储蓄率。

(二)利率

1. 只考虑替代效应时利率对储蓄的影响

当利率上升时，一方面，利率上升意味着消费的机会成本增加，经济个体会更倾向于增加储蓄、减少消费，以期获得更高的利息回报；另一方面，利率上升，表明贷款成本上升，消费者选择贷款来购买消费品的欲望会降低从而减少消费。相反，当利率下降

---

① 费雪. 利息理论. 陈彪如，译. 北京：商务印书馆，2013：67.

时，储蓄获利的吸引力相对下降，经济个体会减少储蓄而增加当前消费。同时贷款成本降低，会刺激人们更多地通过贷款来进行超前消费，促进消费的增长，降低储蓄水平。总之，利率变化使储蓄与消费之间产生替代。

2. 考虑收入效应时利率对储蓄的影响

在考虑收入效应的情况下，利率对储蓄的影响具有不确定性。一般来说，储蓄曲线在一定范围内可能是利率的增函数，但在较高利率水平下，可能会出现弯曲的情况，即储蓄是利率的减函数。原因在于：利率上升对储蓄会产生两种效应——替代效应和收入效应。

利率上升的替代效应是指，利率上升时，消费的机会成本增加，人们倾向于减少当前消费，增加储蓄，以在未来获得更多回报，从而储蓄替代消费。利率上升的收入效应是指，利率上升会带来更多的预期收入，人们会增加当前消费，减少储蓄。如果替代效应大于收入效应，那么利率上升会促使储蓄增加；如果收入效应大于替代效应，利率上升则可能导致储蓄减少。

对于低收入者或者对未来消费较为看重的人，替代效应可能更强，利率上升会促使他们增加储蓄。对于高收入者或者更注重当前消费享受的人，收入效应可能更显著，利率上升可能导致他们减少储蓄，增加当前消费。如图 1.1 所示，在初始阶段，当利率水平较低时，储蓄随着利率的上升而增加，此时替代效应大于收入效应，人们更多地减少消费以赚取利息收入，储蓄曲线向上倾斜。当利率上升到一定程度后，人们可能会认为未来的利率会下降，或者增加当前消费带来的满足感更强，从而减少储蓄，增加消费，此时收入效应大于替代效应。在这种情况下，利率继续上升，储蓄不再增加甚至减少，导致储蓄曲线出现后弯。

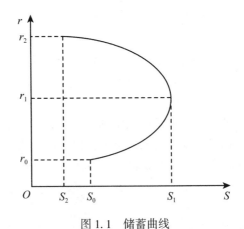

图 1.1　储蓄曲线

(三) 效用函数

不耐，通常指的是人们对即时消费的渴望程度，或者说是对等待未来消费的不耐 (Impatience) 程度。与时间偏好类似，不耐是指，人们普遍认为现在的物品优于将来的物品，现在的收入优于将来收入。不耐还更广泛地描述了人们对当前消费相对于未来消费的偏好程度，或者说对等待未来回报的忍耐程度。不耐降低，意味着人们更愿意等待未来的消费，对当前消费的急切需求减少。这会导致人们更愿意储蓄，从而减少消费。高度的不耐意味着强烈地偏好现在并进行消费，从而减少储蓄。这种对消费的时间偏好程度会影响人们的经济决策，不耐的程度反映在经济个体的跨期效用函数中。

即使不同的经济个体具有相同的收入及收入的时间分布，也会由于各自的不耐程度或跨期效用函数不同，消费行为或储蓄行为有所差异。影响经济主体不耐程度或跨期效用函数的因素大致包括对生命的预期、对子女的关怀以及远见与自制等。

1. 对生命的预期

一个人的不耐程度或跨期效用函数受到生命预期的影响。生命的短促和不确定性会产生高度的不耐，这是因为，当生命结束或者产生意外时，人们无法持续获得收入，从而影响了对收入的享用。对生命的预期越长，则会降低消费率，提高储蓄率，以为更远的将来做准备。也就是说，经济个体对生命的预期越长，其跨期效用函数会更体现为对未来消费偏好的增加。因而，凡是能够延长人类生命的东西，同时也会提高储蓄率、降低消费率。

2. 对子女的关怀

尽管生命的短促和不确定性会增加不耐，但对子孙后代生活的关怀会降低不耐程度。当人们开始担忧子孙后代的生活，并愿意为他们奉献自己积累的财富时，不耐程度会降低。与对生命的预期越长类似，对子女的关怀相当于将自己的生命延伸到子女身上，从而对子女的关怀程度增加会减少消费率，提高储蓄率，即其跨期效用函数会体现为对现在消费较低的偏好。

3. 远见与自制

远见体现了对未来的考虑。经济个体越具有远见，或更考虑未来，则会降低消费率，提高储蓄率，为未来做准备。缺乏远见的经济主体更倾向于只顾眼前，会将更多的收入用于现在的消费，较少的收入用于储蓄。在其他条件相同的情况下，越具有远见，不耐程度越低，其跨期效用函数会更偏好未来，从而消费率越低，储蓄率越高。

与远见类似，具有自制力的经济个体因为能够克制消费的欲望，从而消费率相对较低，储蓄率相对较高，反之，缺乏自制力的经济个体则消费率相对较高，储蓄率相对较低。远见与自制虽有相似之处，但也有明显的区别。费雪指出："远见是与思虑相关联的，自制是与意志相关联的。虽然意志薄弱往往会智虑不周，但非必定如此，也非一律如此。"[①]缺乏自制力的人，虽然明知未来后果会如何，但由于意志薄弱还是克制不了现在"及时行乐"的消费欲望，其效用函数会体现为对现在消费的偏好较高，从而有较高的消费率。

---

① 费雪. 利息理论. 陈彪如，译. 北京：商务印书馆，2013：75.

第二节　跨期选择与企业投资

一、实物投资与金融投资

从企业的角度考察，投资指的是企业为了获取预期不确定的效益而将现期的一定收入转化为资本或资产的经济行为。[①] 与个体类似，一般而言，企业投资是为了未来获取更高的利润。由于企业价值是多期利润的贴现，因而，当企业从追求即期利润最大化转为追求跨期利润最大化，即企业价值最大化时，往往会伴随着投资的增加。从这个角度看，企业投资可以认为是企业的跨期选择行为。

从微观角度看，企业追求即期利润最大化的投资决策为：选择一定的投资规模进行生产，且在此投资规模下投资的边际收益（MR）等于边际成本（MC）。当企业进行跨期选择时，其追求会变为价值最大化，即多期利润贴现最大化，而非仅仅当期利润的最大化，因此，企业的最优投资规模会有所不同。

在分析企业追求价值最大化的决策方法之前，先介绍企业投资的对象。企业投资的标的或对象既可以是厂房、机器设备等实物资产，也可以是债券、股票等金融资产。无论是进行实物投资还是证券投资，企业的投资决策方法都是一致的。

(一) 实物投资

实物投资可以带来长期收益，也是经济增长的关键因素之一，它有助于促进技术进步和提高生产效率，增加社会财富。实物投资具有以下特点：

1. 投资领域广泛

企业实物投资的领域非常广泛，涵盖了各个行业和领域，既包括传统产业，也包括新兴产业。国民经济各部门都必须以固定资产作为自身经济活动的物质基础，固定资产又是由实物投资累积而来，因此，实物投资在国民经济中占据重要地位。

实物投资的广泛性使不同行业的实物投资具有不同的特性，这要求企业在投资前要进行充分的市场调研和行业分析，并根据自身的实际情况和经营需求，制定合理的投资战略和计划，确保投资的顺利进行和回报的实现。

2. 投资过程复杂

企业实物投资的过程涉及项目的选择与评估、资金的筹集、建设与管理等多个环节。这些环节需要企业投入大量的人力、物力和财力，同时也需要企业具备相应的专业知识和管理能力。这使实物投资成为一项需要高度专业知识和经验支持的活动。

实物投资过程的复杂性，要求企业在投资前进行充分的准备和规划。首先，企业需要进行深入的市场调研和项目评估，了解市场需求、竞争状况、技术可行性等因素。其次，企业需要制定详细的投资计划和预算，明确投资规模、资金来源、投资期限等关键要素。最后，企业还需要建立完善的项目管理体系和风险控制机制，确保投资项目的顺

---

① 张中华. 投资学. 北京：高等教育出版社，2017：4.

利实施和风险控制。

3. 流动性低

与金融资产相比，实物资产往往具有较大的规模、特定的用途和不可分割性，且转化为现金的能力相对较弱。因此，企业在进行实物投资时，需要充分考虑资金流动性问题。通过优化资产配置、加强现金流管理、制定合理的风险管理策略、提高资产变现能力等措施来有效应对实物投资的流动性风险，以确保企业保持较高的资金流动性和偿债能力。

4. 保值功能较强

实物投资具有一定的保值功能。实物资产，特别是固定资产，通常具有一定的使用寿命和价值稳定性。在通货膨胀的环境下，实物资产往往能够相对稳定地保持其价值，甚至可能随着时间的推移而增值。因而，实物投资是一种有效的资产保值手段，能够帮助企业在一定程度上抵御通货膨胀带来的负面影响。

5. 风险与收益并存

企业实物投资的风险与收益并存。实物投资涉及多个环节和因素，如市场需求、技术进步、政策变化等，这些因素都可能对投资项目的盈利性和风险性产生影响。这使得实物投资具有一定的不确定性和风险性。

从另一个角度看，实物投资也具有较高的收益。实物投资可以为企业带来一定的经济效益和社会效益，如提高生产效率、降低生产成本、改善产品质量、增加就业等。

（二）金融投资

金融投资，也称为证券投资，是指企业利用可支配的资金购买金融产品，以获取收益的经济活动。这一投资行为主要涉及对金融资产或金融工具的投资，如股票、债券、金融衍生品等。金融投资具有以下特点：

1. 高风险与高收益并存

企业金融投资的一个显著特点是高风险与高收益并存。金融市场的波动性使投资收益存在较大的不确定性，但同时也为投资者提供了获取高额收益的机会。高风险的投资标的往往伴随着较高的潜在回报，但同时也要求投资者具备较高的风险承受能力和投资决策能力。因此，企业在进行金融投资时，需要充分评估自身的风险承受能力和投资目标，选择适合自身的投资标的。

2. 流动性强

与实物投资相比，企业金融投资具有较强的流动性。金融资产如股票、债券等可以在金融市场上自由买卖，投资者可以根据自身需要和市场情况随时调整投资组合。这种流动性使得企业金融投资更加灵活多变，能够满足企业不同阶段的资金需求和投资目标。

3. 投资方式多样

企业金融投资涵盖了股票投资、债券投资、基金投资、衍生品投资等多种投资方式。不同的投资方式具有不同的风险和收益特点，投资者可以根据自身风险偏好和投资目标选择合适的投资方式。例如，股票投资具有较高的风险和收益潜力，适合追求高收益、抗风险能力较强的企业；债券投资则相对稳健，适合风险承受能力较低的企业。另外，企业可以根据自身情况将资金分散到不同的投资标的，实现资产的多元化配置和风险控制。

4. 专业化程度高

企业金融投资需要较高的专业知识和技能。金融创新使金融产品不断丰富，企业需要了解各种金融产品的特点，掌握相应的投资策略。此外，金融市场的变化也要求企业具备敏锐的市场洞察力和判断力，以便及时调整投资策略予以应对。

5. 影响因素众多

宏观经济运行态势、政策环境、市场变化等都会影响企业金融投资。例如，经济增长率、通货膨胀率等会影响金融市场的整体走势和投资收益；货币政策、财政政策等会影响金融市场的资金流动和投资风险；市场供求关系、市场参与者行为等会影响金融产品的价格和投资收益。因此，企业在进行金融投资时，需要认真分析宏观经济运行的态势，密切关注市场和政策变化，及时调整投资策略和风险控制措施。

(三) 企业实物投资与金融投资的关系

企业实物投资和企业金融投资作为企业投资的两大核心领域，它们之间存在着既相互区别又紧密联系的复杂关系。

1. 企业实物投资与金融投资的主要区别

(1) 投资对象不同

作为资金需求方，企业实物投资的投资主体直接将资金投入具体的生产经营活动。投资对象是各种实物资产，如机器设备、厂房、原材料等，这些都是生产经营活动所必需的固定资产或流动资产。

作为资金供给方，企业金融投资的投资主体通过金融市场将资金提供给资金需求方。企业金融投资的对象则是各种金融资产，如存款、股票、债券、基金等有价证券，这些资产的价值随着市场波动而变化。

(2) 投资目的不同

企业从事实物投资的主要目的是通过生产经营活动获取利润，增加企业的资产存量和财富。另外，实物投资直接形成社会物质生产力，推动经济发展。

企业从事金融投资的主要目的是获取金融资产的增值收益，如存款利息、股息、债息等。金融投资并不直接增加社会资产存量和物质财富，主要是通过提供资金促进生产要素的利用与配置，从而实现资本的增值。

2. 主要联系

企业通过实物投资活动创造出的产品和服务，最终转化为销售收入和利润，为金融投资提供了稳定的收益来源。企业金融投资为实物投资提供了资金来源，这些资金的大部分会用于购置机器设备、扩大生产规模、研发新产品等，从而推动企业的实物投资活动。

(1) 相互促进与制约

实物投资和金融投资相互促进。一方面，实物投资需要金融投资提供资金支持；另一方面，金融投资也需要实物投资来创造更多的价值和收益。这种相互促进的关系推动了企业投资活动的不断发展。同时，实物投资和金融投资也存在一定的制约关系。当金融市场波动较大时，金融投资的风险增加，可能会影响企业实物投资项目的资金来源和运营稳定性。反之，实物投资项目的成功与否也会影响金融投资的收益水平和投资者的信心。

（2）共同推动经济发展

实物投资和金融投资都是企业投资活动的重要组成部分，它们共同推动了经济的发展。实物投资通过增加社会物质财富和提高生产效率来推动经济增长，而金融投资则通过优化资源配置和提供资金支持来促进经济活动的顺利进行。从这个角度看，"企业金融化"往往是具有效率的体现，即从事金融投资的企业由于自身从事实物投资效率低下，从而将资金让渡给在实物投资领域更具效率的企业。

例如，一个处于传统行业或夕阳行业的企业 A 在赚取利润之后，不去从事本行业领域的投资，而是在一级市场购买了处于新兴行业的企业 B 发行的股票，企业 A 从而成为企业 B 的股东，对于企业 A 而言，这显然是一种金融投资行为，相当于企业 A 在从传统行业向新兴行业转型，是具有效率的企业投资行为。

总之，企业实物投资和企业金融投资之间存在着既相互区别又紧密联系的关系。企业在制定投资策略时，应充分考虑实物投资和金融投资的相互关系，结合自身的实际情况，合理配置资源，在实现投资效益的最大化的同时，有力促进宏观经济增长及结构转型升级。

二、企业投资的决策理论与方法

（一）企业投资决策理论

1. 新古典厂商投资理论

20 世纪 60 年代兴起的新古典厂商投资理论主要从厂商追求利润最大化的角度来分析投资决策。该理论认为，厂商会根据投资的边际收益和边际成本来决定投资的数量。边际收益通常与产量和产品价格有关，而边际成本则包括资金的使用成本如利率、资本品的价格以及调整资本存量的成本等。在新古典厂商投资理论中，厂商的最优投资量位于投资的边际收益等于边际成本处，如果投资的边际收益高于边际成本，厂商就会增加投资，反之，则会减少投资。该理论的假设前提包括完全竞争的市场环境、理性的厂商决策、充分的市场信息等。然而，在现实经济中，这些假设往往难以完全满足，因此新古典厂商投资理论存在一定的局限性。

2. 资本调整成本理论

资本调整成本理论则从成本角度出发，描述了企业在调整资本存量时所面临的成本。在企业的生产经营过程中，机器设备、厂房等资本的规模并非固定不变，而是会根据市场需求、技术进步等因素进行调整。然而，这种调整并非是无成本的。资本调整成本表现在多方面，既包括购买新设备、修补旧设备等的直接费用，又包括因人员培训、组织调整等产生的间接成本。该理论认为，企业在进行投资决策时，不仅会考虑投资的预期收益，还会充分考虑资本调整所带来的成本，较高的调整成本可能会导致企业调整资本的意愿降低。

3. 托宾 Q 理论

托宾于 1969 年提出托宾 Q 理论，用来解释企业投资决策。托宾 Q 指的是企业的市场价值与其重置成本之比。如果 Q 值大于 1，意味着企业的市场价值高于其资产的重置成本，这时企业会更倾向于增加投资。如果 Q 值小于 1，意味着企业市场价值低于其资产的重置成本，企业则不会新增投资。托宾 Q 理论将企业的投资决策与资本市场的价值评估联系起来，为分析企业投资行为和宏观经济中的投资总量变化提供了一个有用的框架。

4. 固定调整成本理论

结合资本调整成本理论与托宾 Q 理论，20 世纪末出现了固定调整成本模型。该模型假定企业在调整其资本存量或生产规模时，面临着一次性的、固定数额的调整成本。这意味着无论调整的规模大小，企业都需要承担相同的固定成本。其核心思想是，由于存在固定的调整成本，企业在做出投资决策或调整决策时会更加谨慎并在必要时制定相应策略。企业在决定是否进行调整时，会权衡这一调整所带来的未来收益与当前需要支付的固定调整成本。只有预期未来的收益能够覆盖固定调整成本即带来净收益，企业才会决定进行投资或调整，否则，企业可能会选择维持现状。固定调整成本模型对于理解企业的投资行为和生产决策具有一定的理论价值和政策启示。

需要注意的是，在投资决策领域，不可逆性假设是许多经济模型中的一个重要设定，它指的是一旦企业做出某项投资决策或采取了某种行动，资产会因为专用性等原因，无法通过出售、转变用途或其他方式完全回收，从而不能完全逆转决策或者恢复到初始状态，这类似于沉没成本的概念。这种不可逆性会对企业的投资决策产生重要影响，因为一旦投资是不可逆的，企业在做决策时就会更加谨慎，即充分考虑未来的不确定性和潜在风险，更加周全地评估各种可能性和后果。不可逆性假设强调了决策的一次性和不可更改性，企业需要充分了解投资不可逆性产生的原因和表现形式，并采取相应的措施来降低不可逆性风险，以实现企业的长期发展和价值最大化。

(二) 企业投资决策的方法

企业投资的决策方法选择涉及多方面的考虑，旨在确保投资决策的科学性和合理性。以下是几种主要的投资决策方法：

1. 净现值

净现值(Net Present Value，NPV)是一个在财务评估和投资决策中广泛使用的指标，它指的是投资方案的未来现金流入现值与现金流出现值的差额。

$$\text{NPV} = \sum_{t=0}^{n} \frac{C_t}{(1+r)^t} \tag{1-11}$$

其中，C_t 是第 t 期的净现金流量，即现金流入 CI 减去现金流出 CO。r 是贴现率，通常是项目的预期回报率或必要回报率。n 为项目的期限。

该方法通过计算投资项目未来现金流入和现金流出的现值，评估项目的投资价值。

当 NPV 为正值时，表示项目具有投资价值；当 NPV 为负值时，项目不具有经济可行性，则不建议进行投资。

净现值指标的优点是考虑了资金的时间价值，通过将未来现金流折现，更准确地评估项目的经济价值。它的计算基于预定的目标收益率，且比较简单，便于不同方案之间的比较。净现值法考虑了投资风险，在所设定的折现率中包含投资风险报酬率要求，能有效地考虑投资风险。但是，如果两个项目的投资规模差异较大，即使净现值都为正，也无法判断两个项目的优劣，可以采用净现值比率或现值指数加以分析。

利用净现值法需要理解两个方面的问题。第一，净现值的大小进而项目是否可行不但与净现金流的大小有关，也与贴现率的取值有关。与现金流出相比，现金流入在时间上相对靠后，所以，当贴现率上升时，虽然现金流出和现金流入的现值都下降，但现金流入下降得更多，从而导致净现值下降，甚至为负，由可行项目变为不可行项目。相反，当贴现率下降时，虽然现金流出和现金流入的现值都上升，但现金流入上升得更多，从而导致净现值上升，甚至由负转正，由不可行项目变为可行项目。这也从一个角度解释了为什么利率下降促进投资增加，即利率低时，贴现率也较低，会导致将来收入相对于现在收入的重要性增加，从而鼓励企业进行投资。当然，从计算方法也可以看出，净现值为负并不一定代表投资项目不盈利，只是表明此项目没有达到要求的盈利水平。

第二，当现金流入与现金流出的时间点相差较大时，净现值的大小可能不能有效反映盈利能力，此时需要进行综合判断。例如，假设甲、乙两个项目的初始投资都是 100 万元，即现金流出的现值都是 100 万元。甲项目第一年年末有 110 万元的现金流入，第二、三、四年没有现金流入，第五年年末有 2 元的现金流入；乙项目在第一年年末有 1 元的现金流入，第二、三、四年没有现金流入，第五年年末有 $100 \times (1+10\%)^5$ 万元的现金流入。如果投资的要求收益率是 10%，显然两个项目都可行，而且净现值也大致相同。但是，由于乙项目在第五年投资获得的 100 万元取得了相当于 5 年期的复利回报，如果甲项目在第一年获得的 110 万元在今后 4 年中不能继续保持 10% 的收益率，即无法获得相当于乙项目所获得的复利收益，那么甲项目盈利能力显然小于乙项目。因此，投资项目现金流出的时点以及之后再投资所能取得的收益率对于项目的选择非常重要。

2. 净现值比率

净现值比率(Net Present Value Rate，NPVR)是项目净现值与原始投资现值的比率，用于衡量投资项目的盈利能力和效率。它的计算公式为：

$$\text{NPVR} = \frac{\text{NPV}}{P(I)} \tag{1-12}$$

其中，$P(I)$ 为投资规模。若净现值比率大于零，说明项目的投资报酬率高于预定的贴现率，方案可行；若净现值比率小于零，说明项目的投资报酬率低于预定的贴现率，不建议进行投资。

净现值比率越大，说明单位投资现值所能实现的净现值越大。与净现值指标相比，净现值比率考虑了投资规模对盈利能力的影响，更便于不同规模投资项目之间的比较和选择，但它无法直接揭示各个投资方案本身可达到的实际报酬率水平。

3. 现值指数

现值指数(Present Value Index，PVI)是指投资项目未来现金净流量现值与原始投资额现值的比值，也称为现值比率或获利指数。

$$现值指数 = \frac{未来现金净流量现值}{原始投资额现值} \tag{1-13}$$

该方法通过计算投资项目未来现金净流量现值与原始投资额现值的比率(现值指数)，来评估项目的投资价值。当现值指数大于 1 时，项目具有投资价值，方案可行；当现值指数小于 1 时，则不建议投资；现值指数等于 1，说明方案并不改变企业的获利能力。

现值指数法是净现值法的辅助方法，在各方案原始投资额相同时，实质就是净现值法。现值指数法考虑了货币的时间价值，通过将未来现金流进行贴现，能够更准确地反映不同时间点现金流量的价值。作为一个相对值，现值指数反映了投资效率，在原始投资额现值不同的独立投资方案之间进行比较时具有一定的便利性。但是这种方法也存在一定局限性：首先，确定合适的贴现率存在困难，贴现率的选择对结果影响较大。其次，现值指数只是一个相对值，它可能忽视规模效益，会导致优先选择现值指数高但规模较小的项目，而错过一些规模较大、总体效益更好的项目。最后，它无法直接反映盈利金额，不能直观地展示项目带来的绝对盈利数额。

4. 自由现金流

现金流是指企业从事经营活动而产生的现金流入，自由现金流(Free Cash Flow，FCF)指企业在满足了再投资需求之后剩余的，可供企业自由支配的现金流量。较高的自由现金流通常意味着企业有更多的资金用于扩张、偿债、发放股利、回购股票等，也表明企业在运营过程中能够产生足够的现金来支持其发展，在财务上具有较大的灵活性和自主性。自由现金流量考虑了企业经营活动中实际产生的可自由支配的现金，相较于传统的会计利润指标，它更能反映企业真实的盈利能力和财务健康状况。

自由现金流量分为公司自由现金流量(Free Cash Flow to the Firm，FCFF)和股权自由现金流量(Free Cash Flow to Equity，FCFE)。

公司自由现金流量是指公司在支付了所有营运费用、进行了必要的固定资产与营运资产投资后，可以向所有投资者(包括债权人和股东)分派的现金流量。它反映了公司整体的资金创造能力，可用于评估公司的整体价值。其计算公式为：

$$FCFF = EBIT(1 - t_c) + 折旧 - 资本化支出 - \Delta NWC \tag{1-14}$$

EBIT 为息税前利润，t_c 为企业所得税税率，NWC 为净营运资本，ΔNWC 为净营运资本的增加额。

股权自由现金流量则是指公司在满足债务清偿、资本支出和营运资金需求之后，可分配给股东的剩余现金流量，主要用于评估公司股权的价值。

计算公司的股权价值是站在股东的立场上的。因此，需要将债权人占有的利息费用进行扣除，这样才能计算出企业股东占有的现金流。从现金流量表的角度能够提供一种更加简洁的计算方法：

$$FCFE = FCFF - 利息费用 \times (1 - t_c) + 净负债的增加额 \tag{1-15}$$

股东自由现金流与公司自由现金流的不同之处在于它涉及税后利息费用以及新发行或重购债务的现金流(偿还本金的现金流出减去发行新债获得的现金流入)。

其中需要注意的是,自由现金流量理论认为只有在其持续的、紧要的或核心的业务中产生的营业利润才是保证企业可持续发展的源泉,而所有因非正常经营行为所产生的非经常性收益(利得)是不计入自由现金流量的。

基于企业产生的自由现金流量,自由现金流模型可以用来确定企业的内在价值。自由现金流模型可以代替股利贴现模型对公司进行估值,这种方法尤其适用于那些不派发股利的公司,并且自由现金流模型可以提供一些股利贴现模型无法提供的有用信息。

公司自由现金流贴现模型是把每一年的现金流进行贴现,然后与估计的最终价值 V_t 的贴现值相加。我们用固定增长模型来估计公司的最终价值:

$$公司价值 = \sum_{t=1}^{T} \frac{\text{FCFF}_t}{(1+\text{WACC})^t} + \frac{V_T}{(1+\text{WACC})^T} \tag{1-16}$$

其中:

$$V_T = \frac{\text{FCFF}_{T+1}}{\text{WACC} - g} \tag{1-17}$$

g 代表公司自由现金流的永续增长率。

在计算现值时,需要确定合适的折现率,通常采用加权平均资本成本 WACC(Weighted Average Cost of Capital)。WACC 是企业以各种资本在企业全部资本中所占的比重为权数,对各种长期资金的资本成本加权平均计算出来的资本总成本,可以用来确定具有平均风险的投资项目所要求的收益率。

通过对未来若干年的公司自由现金流量进行预测,并按照折现率折现到当前的数值,再加上终值(通常采用永续增长模型计算)的现值,即可得到企业的整体价值。

要得到权益价值,可用推导出来的公司价值减去现有负债的市场价值来计算。另外,可以用权益资本成本 k_E 对股东自由现金流进行贴现:

$$权益价值 = \sum_{t=1}^{T} \frac{\text{FCFE}_t}{(1+k_E)^t} + \frac{V_T}{(1+k_E)^T} \tag{1-18}$$

其中:

$$V_T = \frac{\text{FCFE}_{T+1}}{k_E - g} \tag{1-19}$$

自由现金流模型与股利贴现模型存在一些区别。股利贴现模型依赖于企业发放的股利,而自由现金流模型则更关注企业整体可自由支配的现金流量,不受企业股利政策的直接影响。此外,对于一些不发放股利或者股利政策不稳定的企业,自由现金流模型更具适用性。

自由现金流模型的优点在于,它考虑了企业的实际现金创造能力,能够反映企业的长期价值,不易受短期会计政策和盈余管理的影响。该模型也存在一些局限性。首先,它对未来自由现金流的预测具有较大的不确定性,需要对企业的经营、市场环境等有深入的了解和准确的判断。其次,折现率的确定具有一定的主观性。最后,该模型假设企业的经营状况相对稳定,对于处于重大变革或不稳定行业的企业适用性相对有限。

5. 内部收益率

内部收益率(Internal Rate of Return，IRR)是指使投资项目的未来现金流入现值总额与现金流出现值总额相等的贴现率。在评估投资方案时，首先确定一个可接受的最低收益率，然后舍弃内部收益率低于这个最低收益率的方案，并在内部收益率高于这个最低收益率的若干方案中，选取内部收益率最高者为最优方案。内部收益率可以通过下述方程求得：

$$\text{NPV} = \sum_{t=0}^{n} (\text{CI} - \text{CO})_t \frac{1}{(1+i)^t} \tag{1-20}$$

其中，CI 为现金流入量，CO 为现金流出量，通过逐次测试法求出的 i 值就是内部收益率。当内部收益率大于必要收益率时，项目通常被认为是可行的。

内部收益率考虑了资金的时间价值，便于比较不同项目的盈利能力，有助于在有限的资金条件下选择具有较高投资回报的项目。与其他投资评估方法相比，内部收益率的一个显著优势是无须事先设定一个折现率，这使得投资者能够在不同市场环境下更加灵活地评估投资项目。但内部收益率的缺点是计算复杂，需要通过逐步测试求出，难度较大。在某些情况下，项目现金流量可能导致 IRR 存在多个解，这使得投资者难以确定唯一的 IRR 值，从而影响投资决策的准确性。另外，与净现值中遇到的问题类似，现金流出的时点以及之后再投资所能取得的收益率也会直接影响采用内部收益率来判断项目是否可行的科学性。

需要注意的是，对于非常规的投资项目而言，内部收益率可能无法准确反映项目的投资价值。常规项目通常在开始时表现为现金流出(如初始投资)，随后在项目寿命期内主要是现金流入，即净现金流量随着时间的推移先负后正。非常规项目的现金流量序列可能不止一次地改变正负号，即净现金流量随着时间的推移出现负、正相间的情况。此时，内部收益率就不能反映项目的获利能力，因而，对于非常规项目，不能采用内部收益率的大小判断项目的可行性。例如，假设丙项目在第一年年初投资 80 万元，第一年年末获利 500 万元，在第二年年末又投资 500 万元，项目结束，无残值。可以求得丙项目的内部收益率有两个解，分别为 25% 和 400%。从常识判断，丙项目的获利能力不可能高至 400%，此时用内部收益率法就不能科学地判断非常规项目是否可行。

6. 回收期

(1)静态回收期

静态回收期法是指在不考虑资金的时间价值的情况下，以项目的净收益回收其全部投资所需的时间。其计算公式为：

$$\sum_{t=0}^{n} (\text{CI} - \text{CO})_t = 0 \tag{1-21}$$

其中，CI 为现金流入量，CO 为现金流出量，$(\text{CI} - \text{CO})_t$ 为第 t 年的净现金流量，P_t 为投资回收期。

该方法不考虑资金的时间价值，通过计算投资总额与逐年累计净现金流量的代数和，来确定项目的偿还期。

假设一个项目初始投资为1000万元，第一年现金净流入为400万元，第二年为500

万元，第三年为 600 万元，项目结束，无残值。

静态回收期计算：

第一年累计现金净流入 = 400(万元)

第二年累计现金净流入 = 400+500 = 900(万元)

第三年累计现金净流入 = 900+600 = 1500(万元)

静态回收期 = 2+(1000-900)/600 = 2.17(年)

静态回收期的优点是能够直观地反映原始总投资的返本期限，便于理解，计算也比较简单，可以直接利用回收期之前的净现金流量信息。然而，它没有考虑资金时间价值因素和回收期满后继续发生的现金流量，不能正确反映项目的盈利能力。

(2)动态回收期

该方法在静态回收期法的基础上，考虑了资金的时间价值，通过贴现现金流量的方式来计算项目的回收期。具体的方程式为：

$$\sum_{t=0}^{P'_t} (CI - CO)_{\alpha_t} = 0 \tag{1-22}$$

其中，P'_t 为动态投资回收期，$\alpha_t = \dfrac{1}{(1+i)^t}$ 为第 t 年的贴现系数，所使用的 i 为特定的贴现率。

动态回收期考虑了资金的时间价值，更能反映投资项目所面临的风险。在经济环境不稳定或存在通货膨胀等因素的情况下，货币的实际价值会发生变化，而动态回收期通过折现考虑了这些风险因素，使得回收期的估计更加准确。但是，动态回收期只反映了项目的资金回收时间，未考虑项目的整个生命周期以及资金的再投资收益，也未考虑项目寿命期内的总收益情况以及获利能力。

动态回收期相较于静态回收期更长，主要原因在于静态回收期不考虑货币的时间价值，直接将未来各年的现金净流量累加，直到收回初始投资为止；而动态回收期考虑了货币的时间价值，将未来各年的现金净流量按照一定的贴现率折现后再进行累加，以折现值收回初始投资所需要的时间作为动态回收期。在计算动态回收期时，经过折现后的现金流量数值变小，导致收回初始投资所需的时间变长。

同上例，假定贴现率为 10%。动态回收期计算：

第一年现金净流入折现值 = 400 万元/(1+10%) ≈ 363.64 万元

第二年现金净流入折现值 = 500 万元/(1+10%)² ≈ 413.22 万元

第三年现金净流入折现值 = 600 万元/(1+10%)³ ≈ 450.79 万元

第一年累计现金净流入折现值 = 363.64 万元

第二年累计现金净流入折现值 = 363.64 万元+413.22 万元 = 776.86 万元

第三年累计现金净流入折现值 = 776.86 万元+450.79 万元 = 1227.65 万元

动态回收期 = 2+(1000-776.86)/450.79 = 2.49(年)

可以看出，该项目的动态回收期为 2.49 年，大于静态回收期 2.17 年。

一般来说，投资回收期越短越好，但也不能一概而论。投资回收期短有利于在较短时间内回收初始投资，降低资金被占用的时间和风险，提高资金的流动性和使用效率，特别是在项目不确定性较大或市场环境不稳定的情况下，较短的回收期意味着能更快地应对可能出现的不利变化，项目能够更快地实现盈利也有助于企业的持续发展和再投资。然而，企业不能只单纯追求短投资回收期。因为过于关注短回收期，可能会错过一些前期投资量大、回收期较长但长期盈利能力更强、对企业战略发展更有意义的项目。只选择短期有利可图但缺乏创新性和可持续性的项目，也会影响企业的长期竞争力和创新能力。因此，虽然投资回收期短在很多情况下是有利的，但在决策时应综合考虑项目的长期效益、战略价值以及企业的整体发展目标，而不是仅仅依据回收期的长短进行投资决策。

☞ **思考题**

1. 什么是跨期选择？说明经济主体进行跨期选择应遵循的原则。
2. 简述宏观储蓄率的决定因素。
3. 简述持久收入假说与生命周期假说的异同点。
4. 在经济分析中，自变量对因变量的影响往往不是线性的，为什么？
5. 简述实物投资与金融投资的联系与区别。
6. 简述收入资本化原理，并说明利用这一原理进行投资决策需要的关键变量。
7. 简述净现值法与内部收益率法的优缺点。
8. 简述自由现金流模型与股利贴现模型的区别。

第二章　利　　率

利率在投资理论中具有重要的地位。本章首先介绍了利率的内涵及不同视角下的利率类型；其次，对经典的利率决定理论进行了介绍与评价；最后，从现实与逻辑的角度剖析了利率决定的关键因素。

第一节　利率的内涵及类型

一、利率的内涵

利率，从字面意思上理解，是"利"与"率"的结合，是利息量与本金的比率，通常用百分比表示。按时间单位的不同，利率可分为年利率、月利率、日利率等，其中年利率最为常见。利率直接反映了单位货币在单位时间内的利息水平，是衡量货币(资金)时间价值的指标。

结合经济主体的行为，应从以下三个方面理解利率(利息)。

(一)利率的存在并不需要货币

一般而言，在存在货币的情形下，利率反映的是货币(资金)的时间价值。从资金出让方的角度看，某经济主体将一笔钱存入银行或借予他人，一段时间后，此经济主体不仅收回了本金，还额外获得了一笔钱，这就是利息，而利率就是这笔利息相对于本金的比率。从资金借入方的角度看，利率是借款人为了使用他人的资金而需要支付的代价。

在不存在货币的情形下，同样可以存在利息或利率。例如，今年借入他人100千克小麦，明年归还105千克小麦，那么此项借贷的利息为5千克小麦，利率相应为5%。再例如，今年借入他人一头大牛，明年需要归还一头大牛加一头小牛，小牛便是利息。在古代，利息被称为"牛犊子"即源于此。如果计算此项借贷的利率，其大小取决于市场中大牛和小牛的交换比例。

由此可见，将利率定义为货币的时间价值是一种浅显的说法，从更深层次的角度看，不是货币具有时间价值，而是物品具有时间价值。相应地，借钱的目的不是为了钱，而是钱的购买力。正如斯密所说："借用人所需要、出借人所供给的实际上不是货币而是货币的价值，换言之，是货币能够购买的货物。"[1]马歇尔也指出："他们蒙蔽了

---

[1]　斯密. 国民财富的性质和原因研究(上卷). 郭大力，王亚南，译. 北京：商务印书馆，1972：322.

这样一个事实，即借者可用所借的款购买一匹壮马（比方说），这匹马的服务他可以使用，而到期还款时，他可以按原价把马出卖。贷者牺牲了这样的权利，而借者却获得了它。因此，借款给人来买马，和直接借马给人，实质上并没有区别。"①由于物品随着时间的推移产生了增值，因而在归还时，应该附加额外的部分，即利息。显然，物品或实物资产的增值能力越强，所需要归还的利息越多，利率也就越高。

（二）利率的重要功能是估算现在

费雪将利率定义为对某一日期的货币所支付的贴水的百分率，当利率既定时，便可以知道目前一笔资金未来会变为多少。这是利率估算未来的功能。

但是，如第一章所述，对于投资决策而言，关键是估算投资标的的内在价值（收入），与价格（成本）进行比较，即用未来估算现在，这涉及收益资本化原理。对于任何一项资产，都可以通过它所导致的收益与利率的对比倒推出这项资产的价值，这个过程就是"收益资本化"，资本的价值决定于收益与利率。费雪指出："资本，从资本价值的意义讲，只不过是将来收入的折现，或者说将来收入的资本化。任何财产的价值，或财富权利的价值，是它作为收入源泉的价值，是由这一预期收入的折现来求得的。"②也就是说，从物质意义上讲，收入来源于资本，但从价值意义上讲，资本价值决定于收入的价值，资本与收入在物质意义上与价值意义上的因果关系是相反的。庞巴维克也曾指出："匈牙利土凯葡萄酒并不是因为有了土凯葡萄酒园而有价值的，土凯葡萄酒园之所以有价值，是因为土凯葡萄酒的价值高。价值原理不在成本之中而在成本之外，在产品的边际效用之内。过去成本对资本财货的现值不发生影响，除非那些成本影响到它提供的将来服务的价值以及将来的成本。"③

例如，如果一块土地每年的地租是 1000 元，市场利率是 10%，由于土地的收益是无限期的，那么很容易得知，这块土地的价值为 10000 元。对于可以无限期取得收益的股票也是如此，如果一只股票每年可以带来 10 元的红利，市场利率为 10%，那么，这只股票的价值便是 100 元。当收益不是无限期时，一项资产的价值同样可以依据收益资本化原理进行计算，然后做出投资决策。在上例中，不是因为土地的价值为 10000 元或股票的价值是 100 元，所以每年可以带来 1000 元的地租或 10 元的红利，而是地租与红利在一定的市场利率下决定了土地与股票的价值。

在运用收益资本化原理进行价值评估时，需要得到两个变量的值。一是收入，如上例中，土地的年收入是 1000 元、股票的年收入是 10 元；二是利率（贴现率），如上例中的 10%。从这个角度看，利率起到了用未来（收入）估算现在（资本）的功能。当土地的市场价格低于 10000 元，购买（投资）土地是可行的；同理，当股票的价格低于 100 元时，购买（投资）股票是可行的。因此，对于投资决策而言，用利率估算现在较估算未来更重要。

---

① 马歇尔.经济学原理.陈良璧，译.北京：商务印书馆，1965：283.

② 费雪.利息理论.陈彪如，译.北京：商务印书馆，2013：11.

③ 庞巴维克.资本实证论.陈端，译.北京：商务印书馆，1964：203.

（三）利息是收入的全部而不是收入的局部

费雪将资本的概念一般化，认为凡是能够导致收入的都是资产，资产的市值是资本。从这一定义可以看出，资产指的是实物，例如机器、厂房、设备、土地等，而资本指的是这些实物的价值量。

由于收入由资产导致，因而，任何资产所获得的收入都可以看作是这项资产所获得的利息。例如，地租可以看作土地这项资产所获得的利息；工资可以看作是劳动力这项资产所获得的利息，等等。

二、利率的类型

（一）名义利率和实际利率

名义利率是指利息（报酬）的货币额与本金的货币额的比率。实际利率是指物价水平不变，从而货币购买力不变条件下的利息率。名义利率和实际利率的关系如下：

$$i = \frac{1 + r}{1 + p} \tag{2-1}$$

$$i \approx r - p \tag{2-2}$$

式中 i 为实际利率，r 为名义利率，p 为通货膨胀率。

例：小张年初在银行存入 100 元的一年期存款，利率为 5%，年末到期时获得 5 元利息。

如果当年物价水平保持不变，实际利率也为 5%。如果当年物价水平上涨了 3%，小张收回的本金及利息的购买力只相当于年初的 105/（1+3%）= 101. 94 元。此时，实际利率为：（101. 94−100）/100×100% = 1. 94%。

因此，通货膨胀是投资需要考虑的重要变量。相对于固定收益类资产，权益类资产受通货膨胀的影响较小或没有影响。也就是说，在通货膨胀时期，固定收益类资产实际回报率会因物价上涨而降低，权益类资产的价格一般会随着物价上涨而上涨。

（二）单利和复利

单利和复利是计算终值和现值的重要方法。

终值是指现期投入一定量的货币资金，若干期后可以获得的本金和利息的总和。现值是指以后年份收入或支出资金的现在价值，即在以后年份取得的一定量收入或支出的资金相当于现在取得多少收入或支出的资金量。

单利法在计算利息额时，只按本金计算利息，而不将利息额加入本金重复进行计算。复利法在计算利息额时，将按本金计算出来的利息额再计入本金，重新计算下一期利息，即利滚利。

单利终值和现值：

$$F = P(1 + ni) \tag{2-3}$$

$$P = \frac{F}{(1 + ni)} \tag{2-4}$$

式中 F 为终值，P 为现值，n 为计息期数。

复利终值和现值：

$$F = P (1 + i)^n \tag{2-5}$$

$$P = \frac{F}{(1 + i)^n} \tag{2-6}$$

式中 $(1 + i)^n$ 为终值系数，$1/(1 + i)^n$ 为现值系数，查复利终值系数表可得。

例：A 债券面值 100 元，年利率 10%，2017 年 1 月 1 日发行，2024 年 1 月 1 日到期，单利计息，到期一次还本付息。投资者于 2022 年 1 月 1 日购买该债券，期望报酬率为 12%（单利），价值评估为：（100+100×10%×7）/（1+12%×2）= 137.1 元。

例：A 债券面值 100 元，年利率 10%，2017 年 1 月 1 日发行，2024 年 1 月 1 日到期，复利计息，到期一次还本付息。投资者于 2022 年 1 月 1 日购买该债券，期望报酬率为 12%（复利），价值评估为：

$$P = \frac{100 \times (1 + 10\%)^7}{(1 + 12\%)^2} = 155.35$$

将单利和复利计算过程及结果进行比较，可得出这样的结论：以单利计算，程序相对简单方便，借款人利息负担较轻，资金出让方利益会有一定损失；以复利计算，程序相对复杂，借款人利息负担较重，但资金出让方利益会得到较好保护。

复利具有强大的威力。爱因斯坦曾说："复利是世界的第八大奇迹。"富兰克林说："复利是一块可以使铅变成金子的石头。"芒格称："如果既能够理解复利的威力，又能够理解获取复利的艰难，那么你就理解了投资的精髓。"复利的威力可以用"72 法则"说明。"72 法则"是指，用"72 除以增长率"所得的数值便是投资倍增所需要的时间。例如，某人最初投资金额为 100 元，年收益率 9%，利用"72 法则"，将 72 除以 9 得 8，即翻倍变为 200 元需约 8 年时间。

在纪念巴菲特从事投资 52 年时，巴菲特本人曾以叠纸的例子生动地说明了复利的巨大威力。假定 1 万张纸叠在一起是 1 米厚，那么一张纸连续折叠 52 次有多厚？答案是 2.25 亿千米，这个厚度是地球到太阳距离的 1.5 倍。对于具体的投资而言，例如，投资者小明在 30 岁时，投资了 10 万元，年平均收益率是 6%，12 年翻一番，经过 36 年后，小明 66 岁时将变成 80 万元。如果年平均收益率是 12%，6 年翻一番，小明到 66 岁将会变成 640 万元。

如果拉长投资的时间，经过 48 年，年平均收益率是 6% 的情况下，小明到 78 岁将会得到 160 万元；年平均收益率是 12% 的情况下，小明到 78 岁将会得到 2560 万元。由此可见，找到高收益率标的且拥有足够长时间的投资期限，可获得的收益是巨大的。基于这个原因，巴菲特指出"人生就像滚雪球，最重要的是发现很湿的雪和很长的坡"。"很湿的雪"就是收益率高的投资标的，"很长的坡"就是投资时间要足够长。

在芒格看来，获取复利虽然是一个理论上极具吸引力的财务增长方式，但在实际操作中至少面临以下两个方面的挑战。一方面，高收益率投资标的不易寻找。在竞争激烈的市场中，能够持续提供高收益率的投资机会往往非常稀缺，并且要求投资者具备深厚的专业知识、敏锐的市场洞察力，才可以在众多投资选项中筛选出真正具有潜力的标的。另一方面，在市场波动的情况下，投资者还需保持理性，但是，人性的弱点使人们难以做出理性且具有长期导向的决策。大多数投资者往往渴望快速致富，对于需要长时间等待的投资机会缺乏耐心。在市场下跌时，人性中恐惧的情绪可能导致投资者过度悲观，恐慌性抛售；而在市场上涨时，人性中的贪婪则可能让投资者盲目追高，忽视了潜在的风险。投资行为的短期化或非理性化极大地影响投资决策的质量。

（三）即期利率、远期利率和到期收益率

1. 即期利率

即期利率是指购买债券时所获得的折价收益与债券面值的比率。它表示的是从现在（$t = 0$）到时间 t 的年化收益率，计算公式如下：

$$P_t = \frac{M_t}{(1 + S_t)^t} \tag{2-7}$$

式中 P_t 表示无息债券的当前价格，M_t 表示无息债券到期价格即面额，t 表示债券的期限，S_t 为即期利率。

例：设某 2 年期国债的票面面额为 100 元，投资者以 87.34 元的价格购得，问该国债的即期利率是多少？由以下等式：

$$87.34 = \frac{100}{(1 + S_t)^2}$$

求解得该国债的即期利率为 7%。

即期利率不是能够直接观察到的市场变量，而是基于现金流折现法对市场数据进行分析而得到的利率。通过对市场上同类债券的交易价格、到期期限、票面利率等信息进行收集和分析，利用收益资本化原理，可以推算出即期利率。

2. 远期利率

远期利率是指隐含在给定的即期利率中未来两个时间点之间的利率水平。远期利率是发生在未来的、目前尚不可知的利率，实际中远期利率通常从即期利率中推导得出，属于理论上的数值。

假设 1 年期国债利率为 8%，2 年期国债利率为 9%，如果购买 100 元 1 年期的国债，到期时的本利和为：100×（1+8%）= 108 元。

如果购买 2 年期国债，在第二年结束时获得本利和 118.81 元。那么，第二年的远期利率为：（118.81/108−1）×100% = 10.01%。

10.01% 就是第二年的远期利率。如果以 f_t 表示第 t 年的远期利率，S_t 表示即期利率，则远期利率的一般计算式为：

$$f_t = \frac{(1 + S_t)^t}{(1 + S_{t-1})^{t-1}} - 1 \tag{2-8}$$

在有效的金融市场，也就是没有任何套利机会的市场，无论是投资 1 年期国债还是 2 年期国债，最终获得的收益是一样的，图 2.1 为远期利率的直观解释。

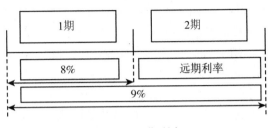

图 2.1　远期利率

由图 2.1 可得：

$$100 \times (1 + 8\%) \times (1 + r) = 100 \times (1 + 9\%)^2$$
$$r = 10.01\%$$

远期利率与收益率曲线密切相关，在确定了收益率曲线后，所有的远期利率都可以根据收益率曲线上的即期利率求得。如果收益率曲线的形状改变，则意味着市场对未来利率变动的预期发生了变化，这将直接影响远期利率的水平。

3. 到期收益率

到期收益率是投资债券获得的未来现金流的现值等于债券当前市价时的贴现率。到期收益率考虑了债券的所有未来现金流（包括利息和本金），并将其折现到当前时刻以计算投资价值。它是衡量债券投资回报的重要指标。到期收益率的计算公式见式(2-9)，式中 P 为债券市场价格，F 为债券面值，C 为债券利息，T 为债券期限，r 为到期收益率：

$$\sum_{i=1}^{T} \frac{C}{(1 + r)^i} + \frac{F}{(1 + r)^T} - P = 0 \tag{2-9}$$

需要明确的是，到期收益率隐含了每期的投资收入现金流均可以按照到期收益率进行再投资。在第一章中分析内部收益率时指出，现金流出的时点以及之后再投资所能取得的收益率也会直接影响采用内部收益率来判断项目是否可行的科学性。由于到期收益率与内部收益率的基本原理及计算方式一样，所以不能只根据债券的到期收益率做出是否值得投资的判断，必须结合债券的现金流出的时点以及之后再投资所能取得的收益率进行综合分析。如果债券的收入流更多地出现在前期，而且取得这些收入后又不能按照到期收益率进行再投资，那么，此时的到期收益率就不是这个债券复利意义上的年平均收益率。在具体的实践中，由于债券一般是到期还本付息，而实体投资项目的收入流主要分布在项目的中间阶段，因此，相较于内部收益率，到期收益率更接近年平均收益率或复利收益率。

第二节　利率的决定

历史上对于利息有过否定的看法。如亚里士多德(前 384—前 332)反对一切有利息的放贷，他认为货币是交换的手段，不应当是交换的目的，放贷所获利的钱是从钱的本身而来的，不是从钱的自然对象得来的，因而用钱盈利既不合乎自然，也不合乎正义。

但随着商品经济的发展，人们开始正视利息的存在。17 世纪英国古典政治经济学创始人威廉·配第认为，利息是因暂时放弃货币的使用权而获得的报酬。他指出："假如一个人在把自己的货币贷出时，向贷款人承诺无论在这期间自己多么需要这笔货币，但在某个特定时间前他都不能要求收回他贷出的货币，那么在这种情况下，贷出货币的人就理应为这种可能给自己带来不便的承诺获得补偿，这种补偿就是我们通常所说的'利息'。"①

斯密对利率的认识更为深入。他认为，借用人所需要、出借人所供给的实际上不是货币而是货币的价值，换言之，是货币所能购买的货物。借用人须在借用期内，每年以较小的年生产物，让与出借人，称作付息；在借期满后，又以相等于原来由出借人让给他的那部分年产物，让与出借人，称作还本。斯密进一步分析了利率的决定因素，他指出："贷出生息的资财增加了，使用这种资财所必须支付的价格即利息必然低落。除了随物品增加价格降低的一般原因外，还有以下两个原因：第一，一国的资本增加了，投资的利润必然减少。要在国内为新资本找到有利的投资方法将日渐困难。资本间的竞争于是发生，资本所有者常互相倾轧，努力把原投资人排挤出去。但要排挤原投资人，只有把自己的要求条件，放宽一些。他不仅要贱卖，而且，有时为了要出卖，还不得不贵买。第二，维持生产性劳动的基金增加了，对生产性劳动的需求亦必日益增加。因此，劳动者不愁无人雇佣，资本家反愁无人可雇。资本家间的竞争提高了劳动的工资，降低了资本的利润。因使用资本而造成的利润既然减低了，为使用资本而付给的代价，即利息率，非随之减低不可。"②在这里，斯密不但指出了资本供给的增加会导致利息率降低，还进一步分析资本增加通过利润率这一环节影响利息率的机制。另外，斯密依据利息率决定于利润率，他与休谟一样批评了重商主义关于更多的贵金属会导致利率降低进而促进经济繁荣的观点，指出利率不是由货币供给决定的。他说道："货币的利息，既然与资本的利润共进退，所以，货币的价值虽然大增了，换言之，一定量的货币所能购买的物品虽然大增了，但货币的利息仍然可能大减。"③斯密还认为，由于在任何地方使用资本都会取得利润，所以在任何地方使用资本都应有利息为酬。禁止利息的法律，不但防止不了重利盘剥的罪恶，反而使它加甚，因为，债务人不但要支付使用货币的报酬，而且要对出借人冒险接受这种报酬支付一笔费用。斯密指出："英国的法定利息率，规定为百分之八或百分之十，那么，就有大部分待借的货币，会借到浪费者或投机家手里去，因为只有他们这类人，愿意出如此高的利息。这样，一国资本将有大部分会离开诚实的人，而转到浪费者手里，不用在有利的用途上，却用在浪费资本和破坏资本的用途上。"④同时，斯密又指出："没有任何法律能把利率减低到当时最低的普通市场

① 配第. 赋税论. 马妍，译. 北京：中国社会科学出版社，2010：45.

② 斯密. 国民财富的性质和原因研究（上卷）. 郭大力，王亚南，译. 北京：商务印书馆，1972：324-325.

③ 斯密. 国民财富的性质和原因研究（上卷）. 郭大力，王亚南，译. 北京：商务印书馆，1972：327.

④ 斯密. 国民财富的性质和原因研究（上卷）. 郭大力，王亚南，译. 北京：商务印书馆，1972：328.

利息率之下。1766 年，法国国王规定利息率需由百分之五减至百分之四，但结果，人民用种种方法逃避该法律，民间借贷利息率仍为百分之五。"①因为法律规定不可能面面俱到，而且存在执行成本，当运用法律对利率进行最高价格限制时，资金需求大于资金供给，此时市场不会均衡，在价格这一竞争方式被限制的情形下，资金需求方便会采取如斯密提到的"种种方法"以在竞争中胜出，从而使对利息率这一价格的管制无效。

在斯密之后一个多世纪，对利率的研究不断丰富，逐步形成了古典学派的实际利率理论。总体上看，17 世纪至 20 世纪 30 年代占统治地位的利率理论是偏重于实际经济因素分析的实际利率论。实际利率论以节欲论、主观价值论、生产力论以及时间偏好论来说明利率，认为利率决定于经济中的实际变量，否认货币及货币利率对实际经济活动具有重大影响和调节机制。实际利率理论在 20 世纪 30 年代让位于货币利率理论。货币利率理论注重货币因素分析的短期利率理论，认为利率是贷款和购买证券的收益率，以及使用货币的代价或放弃货币流动性的报酬，货币利率取决于货币的供求。货币利率理论的代表人物是凯恩斯。

一、古典学派实际利率理论

(一) 西尼尔的节欲论

19 世纪中叶，英国经济学家西尼尔在他的《政治经济学大纲》一书中提出了著名的"节欲论"，认为利息是货币所有者为积累资本放弃消费而"节欲"的报酬。西尼尔认为，劳动是工人放弃自己的安乐和休息所做的牺牲，用工资作为报酬，资本是资本家节制消费所做的牺牲因而也应该得到报酬。他指出："看来最适当的处理是，将工资这个词用于单纯劳动的报酬，将利息这个词用于单纯节制的报酬，将利润这个词用于工资与利息两者的组合，即劳动与节制互相结合之下的报酬。这就有必要将资本家再分为两个阶级，不活动的和活动的：前者所取得的单纯是利息，后者所取得的是利润。"②因此，利息是为积累资本而牺牲现在享受的报酬。

(二) 庞巴维克的时差利息论

奥地利学派的代表人物庞巴维克在 1889 年出版的《资本实证论》中提出了时差利息论。庞巴维克把物品区分为现在物品与未来物品。现在物品是现在就可以直接满足消费欲望的物品，包括现存的生活资料与货币；未来物品指不能直接满足现在的消费欲望的物品，主要是生产资料和劳动。他认为人们对现在物品的主观评价总是高于对同种等量未来物品的主观评价，原因有三：第一，现在与未来供需关系的差异。庞巴维克认为："许多现在需要没有得到很好供应而预期未来会好转的人，对现在物品的估价，要比对

---

① 斯密. 国民财富的性质和原因研究(上卷). 郭大力，王亚南，译. 北京：商务印书馆，1972：328-329.

② 西尼尔. 政治经济学大纲. 蔡受百，译. 北京：商务印书馆，2011：189.

未来物品的估价高出很多。"①由于未来的物品数量会增多，所以人们对于未来物品的主观评价或者边际效用会下降。第二，低估未来。由于人们在知识、认识以及意志上的缺陷，对未来考虑不周，只顾眼前，也可能由于人生短促，从而"我们习惯于低估未来的需要，低估满足未来需要的物品。"②第三，现在物品更有技术上的优势性。有了现在物品就可以维持目前生活来制造生产工具，以便进行更有效、生产率更高的生产，从而提供更大的物品数量，即迂回生产。不用任何工具靠徒手进行生产是"直接生产"，利用工具、原料等进行生产的是"迂回生产"。也就是说，"现在物品通常是一种获得较高边际效用的手段，因而具有比未来物品高一些的价值"。③ 基于以上分析，庞巴维克指出："现在的物品通常比同一种类和同一数量的未来物品更有价值。这个命题是我要提出的利息理论的要点和中心。"④

无论是节欲论还是时差利息论，只是从货币供给方说明存在利息或利率的原因。但是，如果没有需求，将资本或货币保留在自己手中，显然利息或利率也就无从谈起。因此，马歇尔和费雪分别提出了"均衡利率论"与"人性不耐及投资机会论"。

（三）马歇尔的均衡利率论

在马歇尔看来，货币对实体经济的影响是中性的，货币只是罩在实体经济上的"面纱"，即货币供给的变化不会改变实体经济的均衡状态。由此，马歇尔关注影响利率的实际因素，认为利率由经济体系中的储蓄行为和投资行为共同决定。马歇尔认为："利率（或储蓄的需要价格）的上涨，有使储蓄量增加的趋势。"⑤在马歇尔的理论中，储蓄被视为利率的增函数。当利率上升时，储蓄者因获得更高的利息收入而倾向于增加储蓄；反之，当利率下降时，储蓄者会减少储蓄。关于利率对投资的影响，马歇尔运用边际分析指出："因为利率既涨，所以有一部分资本将从它的边际效率最低的使用中逐渐退出。"⑥他又进一步认为："用在建造房屋上的资源，如同用在机器和船坞等上的资源一样，在其他条件不变的情况下，是随着国家资源的增加和利率的相应下降而增加的。"⑦因此，在马歇尔的理论中，投资被视为利率的减函数。马歇尔的均衡利率论如图 2.2 所示。

图 2.2 中，II 为投资曲线，向下倾斜，表明投资是利率的减函数；SS 为储蓄曲线，向上倾斜，表明储蓄是利率的增函数。两条曲线的交点意味投资和储蓄正好相等，市场达到均衡状态，对应的利率为均衡利率 r_0。投资需求不变时，储蓄意愿增强会导致 SS 曲线右移至 $S'S'$，新的均衡利率随之下降为 r_1；储蓄意愿不变时，投资需求增加会导致

①　庞巴维克. 资本实证论. 陈端，译. 北京：商务印书馆，1964：257.
②　庞巴维克. 资本实证论. 陈端，译. 北京：商务印书馆，1964：257.
③　庞巴维克. 资本实证论. 陈端，译. 北京：商务印书馆，1964：276.
④　庞巴维克. 资本实证论. 陈端，译. 北京：商务印书馆，1964：243.
⑤　马歇尔. 经济学原理. 陈良璧，译. 北京：商务印书馆，1965：228.
⑥　马歇尔. 经济学原理. 陈良璧，译. 北京：商务印书馆，1965：229.
⑦　马歇尔. 经济学原理. 陈良璧，译. 北京：商务印书馆，1965：279.

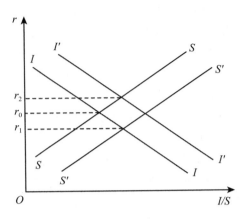

图 2.2　马歇尔的均衡利率论

II 曲线上移至 $I'I'$，新的均衡利率也随之提高至 r_2。

马歇尔认为，均衡利率的决定是一个动态调整过程。他指出："利息既为任何市场上使用资本的代价，故利息常趋于一均衡点，使得该市场在该利率下对资本的需求总量，恰等于在该利率下即将来到的资本的总供给量。"[①]当储蓄大于投资时，利率会下降以抑制储蓄刺激投资；当储蓄小于投资时，利率会上升以抑制投资刺激储蓄，这种调整过程直到储蓄和投资相等为止。马歇尔强调市场通过利率的变动调整投资与储蓄并使之相等，进而实现均衡，反对人为干预利率。

(四) 费雪的人性不耐及投资机会论

同庞巴维克一样，费雪也认为人们在主观上存在高估现在低估未来的倾向，即不耐(Impatience)。例如天秤的左盘和右盘各放 100 元钱，左盘中是现在的 100 元钱，右盘中是未来的 100 元钱，对于经济个体来说，此时的天秤不会平衡，除非在右盘中继续加钱，在平衡时，所加钱的数量即为 100 元钱在这段时间所得的利息。当然，不同的经济个体对于需要加多少钱天秤才能平衡的看法并不一致，需要加的钱越多，表明此经济主体有更高的不耐程度，即更高估现在、低估未来。但是，市场机制可以使经济个体的不耐程度或各自的主观利率趋于一致。这是因为，如果两个人的不耐程度不同，那么将产生市场交易(借贷)，例如甲的不耐率(主观利率)是 10%，而乙的不耐率是 5%，与不同经济主体对特定商品评价不一致会产生交易类似，甲乙可以在 5% 与 10% 的利率之间选定一个利率，例如 7% 进行借贷，甲是资金借入方，乙是资金借出方。同商品交易会产生生产者剩余与消费者剩余的原理一样，借贷行为也会产生借方剩余与贷方剩余，从而双方效用增加。随着甲借入资金，会使他现在的消费增加，未来的消费减少，他对未来收入的评价会相对提高，从而主观上的利率也会随之下降，直至借入的数量使他主观上的利率下降到 7% 为止。同理，随着乙借出资金，会使他现在的消费减少，未来的消费

---

① 马歇尔. 经济学原理. 陈良璧，译. 北京：商务印书馆，1965：228.

增加，他对未来收入的评价会相对降低，从而主观上的利率也会随之上升，直至借出的数量使他主观上的利率上升到7%为止。也就是说，市场中每个人的不耐程度或时间偏好率会通过借贷趋于一致，而且等于市场利率。

以上是各经济主体通过借贷调整自身的收入流进而实现跨期效用最大化的过程，但原始收入流的取得源于投资机会。从客观的投资机会看，经济主体会选择在特定利率下收入流现值最大的投资。根据边际收益递减规律，投资越多，投资收益率越低，同时，用于当前的消费越少，主观上的利率也就越高，当投资收益率、时间偏好率、市场利率三者相等时，借款的供求就达到了均衡。

因此，费雪指出："简单地讲，利率的决定，要能(1)最好地利用投资机会，(2)对不耐做最好的调节，(3)使市场均衡并偿还债款。"[①]也就是说，均衡利率包含以下三个含义：一是对于任何经济主体而言，他选择的投资所产生的收入流在均衡利率下是现值最大的；二是每个人的时间偏好率或主观上的利率等于均衡利率；三是在均衡利率水平上借贷相等。由此可见，费雪的利率理论是关于生产与交换(借贷)的双重决定论，既包含主观因素(人性不耐)也包含客观因素(投资机会)。费雪进一步认为，从个人的角度看，利率是因，投资机会选择及借贷是果；而从社会角度看，每个个体的投资与借贷是因，利率是果。这与商品市场也是类似的，在商品市场上，从个人角度看，价格是因，买卖是果。但从社会角度看，各经济主体的买卖是因，价格是果。可以认为，费雪的利率决定论是马歇尔均衡利率论的细化，均衡利率是经济主体的主观偏好与现实中的客观投资机会共同作用的结果，从而在更深层次上揭示了均衡利率的形成。

二、凯恩斯流动性偏好理论

凯恩斯认为："古典学派的传统把利息率当作能使对投资的需求和意愿的储蓄保持均衡的因素。投资代表对可投入的资金的需求，而储蓄代表它的供给；与此同时，利息率则是能使二者相等的资金的价格。正和商品的价格必然处于使对它的需求等于对它的供给之点一样，所以利息率也必然在市场力量的作用下，处于能使投资量和储蓄量相等之点。"[②]对于古典学派关于利率决定的观点，凯恩斯从两个方面提出了批评。一方面，他用"窖藏货币"进行反证。凯恩斯指出："利息率不可能是储蓄的报酬或被称为等待的报酬。因为，如果一个人把他的储蓄以现款的形式贮藏起来，虽然他的储蓄量和不以此方式保存的储蓄量完全相同，他却赚取不到任何利息。"[③]也就是说，经济主体持有货币是储蓄，但不会产生利息报酬，因而推翻了古典学派关于利息是储蓄或等待的报酬的观点。

另一方面，凯恩斯否定了古典学派的利率供求决定论。凯恩斯提出："古典学派的利息理论似乎在说：如果资本的需求曲线有所移动，或者，如果表明利息率和在定量收入条件下的储蓄量之间的关系的曲线有所移动，那么新的利息率便取决于两条曲线的新

① 费雪. 利息理论. 陈彪如，译. 北京：商务印书馆，2013：131.
② 凯恩斯. 就业、利息和货币通论. 高鸿业，译. 北京：商务印书馆，1999：181.
③ 凯恩斯. 就业、利息和货币通论. 高鸿业，译. 北京：商务印书馆，1999：171.

的位置的交点。然而，这是一个荒谬的理论。其原因在于：该理论所假设的收入不变与它假设的两条曲线能够相互独立地作出移动是矛盾的。如果二者之中的任何一个有所移动，那么，一般说来，收入就会改变，其后果为：建立在既定收入这一假设条件之上的整个理论就要崩溃。"[1]凯恩斯的意思是说，用投资需求（投资）与投资供给（储蓄）的供求来分析利率（价格）的决定是错误的，因为储蓄与投资的变动并不独立。当投资变动时，收入也随之发生变动，相应地，储蓄也由于收入的变动而变动。这意味着，当投资曲线右移时，储蓄曲线并不是处于原来的位置，也会随之移动，从而无法确定变动后的投资曲线与哪一条储蓄曲线相交。

在批评古典学派利率由供求决定的基础上，凯恩斯认为："利息率是放弃流动性的报酬，所以在任何时期的利息率都能衡量持有货币的人不愿意放弃流动性的程度。"[2]这样，凯恩斯把利息的性质单纯归结为货币现象，利率的高低取决于流动性偏好的程度，流动性偏好的程度是相对于满足流动性偏好的货币供给量。流动性偏好越强，利率就越高；货币供给量越大，利率就越低，反之亦然。

具体而言，凯恩斯的流动性偏好理论更加重视货币因素对利率水平的影响。凯恩斯摒弃了古典学派关于利率由储蓄和投资决定的观点，转而强调利率由货币的供给和需求决定。他认为，利率取决于货币供求数量的对比，货币供给是完全由货币当局（如中央银行）控制，因此，货币供给曲线通常被描绘为一条垂直的直线，表示在任何利率水平下，货币当局所提供的货币量。而货币需求取决于人们的流动性偏好。流动性偏好主要基于三种动机：交易动机、预防动机和投机动机。交易动机和预防动机是收入的函数，而投机动机则是利率的函数。货币供给不变时，人们的流动性偏好增强，意愿持有的货币数量（即货币需求）上升，利率也会随之走高；反之，人们的流动性偏好减弱，会导致货币需求下降，利率也会随之走低。

如图2.3所示，货币供给曲线由货币当局外生决定，是一条垂直于横轴的直线，货币供给增加会导致供给曲线右移和均衡利率走低，货币供给减少则会导致供给曲线左移和均衡利率走高。流动性偏好曲线即货币需求曲线，是一条向右下方倾斜的曲线，流动性偏好增强会导致货币需求曲线上移和均衡利率走高，流动性偏好减弱则会导致货币需求曲线下移和均衡利率走低。另外，凯恩斯认为，当利率不断下降至低位，以至于不可能再下降时，人们就会产生利率上升、债券价格下跌的预期，人们的流动性偏好就会趋于无限大，货币需求的利率弹性也会变得无穷大，此时无论增加多少货币供给，都会被人们储存起来，无法使利率进一步下降，这就是著名的"流动性陷阱"假说，图中流动性偏好曲线右方趋于水平的部分即表示"流动性陷阱"状态。

总体来说，凯恩斯的流动性偏好理论只是从资金供给方要求补偿角度来考察利率，并没有考虑货币需求方为什么愿意接受货币供给方所要求的利率，从而是一种单方利率决定论。显然，站在资金需求方的角度来说，他之所以愿意以某个利率借入货币，是因为他运用这些货币购买生产要素进行生产所获得的利润率要高于此利率。

---

① 凯恩斯. 就业、利息和货币通论. 高鸿业，译. 北京：商务印书馆，1999：185.
② 凯恩斯. 就业、利息和货币通论. 高鸿业，译. 北京：商务印书馆，1999：171.

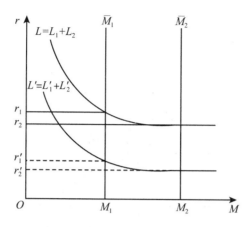

图 2.3 凯恩斯流动性偏好理论

三、IS-LM 模型

希克斯在 1937 年发表的《凯恩斯先生与"古典学派"》中提到，凯恩斯与"古典学派"两者在利率与国民收入水平之间的关系问题上均有缺陷，但可以相互补充。希克斯引入货币市场，利用一般均衡分析方法，用"IS-LM 曲线"完善凯恩斯理论，汉森把希克斯的这一观点进一步发挥，形成了著名的"IS-LM 模型"。该模型认为 IS-LM 曲线交点意味着商品市场和货币市场同时均衡，从而此交点的利率水平为均衡利率。按希克斯的说法，LM 曲线的引入使古典学派利率无法决定的问题得以解决。

IS-LM 模型将市场划分为商品市场和货币市场，IS 曲线和 LM 曲线分别代表了商品市场和货币市场的均衡，它们的交点决定了均衡收入和均衡利率。其中，IS 曲线表示商品市场均衡，即储蓄等于投资时，收入和利率之间的函数关系。LM 曲线表示的是货币市场处于均衡状态时，即货币供给等于货币需求时，收入和利率之间的函数关系。关于IS-LM 模型的详细推导见本书第八章。

具体分析如图 2.4 所示。IS 曲线是商品市场均衡时利率（i）与收入（Y）的组合。在这条曲线上，收入的增加必然伴随利率的下降，这是因为，IS 模型假定储蓄是收入的增函数、投资是利率的减函数，因而当收入增加时，储蓄会增加，由于商品市场的均衡要求储蓄等于投资，所以利率必须下降以增加投资。LM 曲线是货币市场均衡时利率（i）与收入（Y）的组合。在这条曲线上，收入的增加必然伴随利率的上涨。这是因为，LM 模型假定货币的交易需求与预防需求是收入的增函数、投机性货币需求是利率的减函数，因而收入增加时，货币的交易需求与预防需求会增加，而货币供给量恒定，必然要通过减少投机性货币需求予以满足，所以利率必须上升。这里的关键假设是特定的 LM 曲线是既定货币供给下的货币供给等于货币需求的均衡线。也就是说，在货币供给为外生变量的假设前提下，必须使 Y 和 i 同向变动才能保持货币市场均衡，即在 LM 曲线上 i 与 Y 正相关。显然，当货币供给量发生变化时，LM 曲线将发生移动。

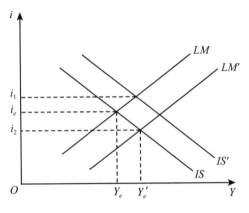

图 2.4　IS-LM 模型

　　IS 曲线和 *LM* 曲线的交点即为商品市场和货币市场同时达到均衡时的利率和收入，这对宏观经济问题的分析与政策的制定具有非常重要的意义。通过调控投资及货币供给量使 *IS*、*LM* 曲线发生移动，从而达到合意的国民收入水平。

　　新剑桥学派的代表人物罗宾逊夫人认为，IS-LM 模型是一种循环论证，即在商品市场上，利率决定投资，投资决定国民收入，但在货币市场上，国民收入决定货币的交易需求与预防需求，进而必然要有一个利率使货币的投机需求等于剩余货币供给量。因此，在商品市场上利率决定国民收入，而在货币市场上，国民收入决定利率。当然，如果引入时间，那么，在货币市场上，本期收入决定利率，利率决定投资，投资决定下期收入，这样的话，IS-LM 模型的循环论证问题就得到了解决。

　　但是，IS-LM 模型通过商品市场和货币市场同时均衡决定利率的观点没有考虑到 *IS* 曲线移动时 *LM* 曲线也会移动。具体来说，当投资增加导致 *IS* 曲线右移时，投资主体需要进行融资，如果通过商业银行以贷款的方式进行，则货币供给会增加，这意味着 *LM* 曲线也会右移，从而不能在假定 *LM* 曲线不发生移动的情况下得出均衡利率。这与凯恩斯对古典学派利率决定论的批评是一样的，即古典学派没有意识到，当投资曲线右移时，储蓄曲线也会随着收入的变化而移动，从而无法确定变动后的投资曲线与哪一条储蓄曲线相交。

四、关于利率决定论的评价

（一）不应过分强调货币在利率决定中的作用

　　凯恩斯流动性偏好理论的影响及现实中以货币为主要方式的借贷，往往使人们形成利率是货币的价格从而其高低会受到货币供求影响的认识。萨伊指出："资本在出借时刻通常具有货币形式，人们因此认为货币充足和资本充足是同样的东西，所以货币充足就使利息率下降。当商人告诉我们货币充足或货币短缺时，他们所使用的词语是谬误的。应当承认，这些谬误词语，和货币利息这一谬误说法，是同样适当或适用的。"①从经济行为的角度看，凯恩斯基于货币因素探讨利率的决定相较于他的前辈们是理论上的倒退。

首先，在本章第一节提到，利率的存在不一定需要货币。当借入物品，在归还时超过所借的部分就是利息，利息与借入量的比值就是利率。另外，当人们将现在物品与未来物品交换时，本身就包含了利息（利率）。例如，如果一棵苹果树，生长期为 5 年，每年生产 1 个苹果，共生产 5 个苹果，在市场上，这棵苹果树（未来物品）能够换到的苹果（现在物品）数量会低于 5 个，如果是 4 个，多出的 1 个苹果便是利息，相应地也可以计算出利率。从以上的例子可以看出，利率的存在并不需要货币，在现在物品与未来物品的交换中本身就包含了利率。

第二，认为利率是货币的价格存在逻辑上的错误。一般而言，价格指的是交换比例，例如，1 斤小麦 1 元钱，1 个面包 2 元钱，反映的是 1 个面包可以交换 2 斤小麦，货币只是起到了度量尺度与交易媒介的作用。另一方面，当面包的价格涨到每个 4 元时，可以说面包的价格上升了，也可以说货币的价格下降了。因而，货币的价格指的是货币的购买力，当购买力下降时，便是货币的价格下降或贬值。

显然，利率与货币的购买力并不相同，两者的变化也不具有一致性。借钱是借购买力，因此，借钱的本质是借物品，将来还的也是购买力，货币只是作为一种媒介。例如，如果小麦的价格是 1 元，今年借 100 元购买小麦，明年要还 105 元，形式上是借 100 元还 105 元，但实质是借了 100 斤小麦，明年还 105 斤小麦。如果现在小麦的价格上升为每斤 2 元，购买 100 斤小麦则需要借 200 元，将来还 210 元，利率还是 5%，仍然是借 100 斤小麦还 105 斤小麦。虽然小麦的价格翻了 1 倍，或说货币购买力下降了 50%，但利率并没有改变。

由上可知，利率与货币的购买力无关，货币价格就不能同时代表货币的购买力和利率这两个含义。由于定义了货币的购买力是货币的价格，那么显然，利率不是货币的价格。费雪指出："说利率在某种意义上是货币的价格，这对我们也没有多大的启发。因为在另一个意义上，货币的购买力是货币的价格，同样是正确的。可是利率与货币购买力是极不相同的东西。"②另外，从历史的角度看，物价水平呈现上涨的趋势，但利率并没有表现出同样的趋势。当然，名义利率与实际利率的关系属于另外的讨论范畴。

第三，利率不决定于货币的供求。与斯密的观点一致，萨伊也指出："但事实是，不论货币充足或短缺，或它的代用物充足或短缺，对利息率都没有影响，正如柿子、小麦和丝的充足或短缺对于利息率没有影响一样，出借的不是任何特殊货物，甚至不是货币，而是累积以供有益投资使用的价值。"③所以，"说货币利息是个严重的错误，认为利息率取决于货币的充足与短少这个错误的结论，也许就是起源于这个不正当的措

---

① 萨伊. 政治经济学概论. 陈福生，等，译. 北京：商务印书馆，2009：436.
② 费雪. 利息理论. 陈彪如，译. 北京：商务印书馆，2013：41.
③ 萨伊. 政治经济学概论. 陈福生，等，译. 北京：商务印书馆，2009：436.

辞……各时候和各地方使用这部分资本所给付的利息，依存于借贷资本的需求与供给的比例，完全不依存于出借货物的特殊形式或性质，不论该货物是货币或是任何其他物品"①。也就是说，货币或特殊物品的充足程度并不影响利率，利率决定于借贷资本的利润率(投资的使用价值)，即要素价格与商品价格之间的相对值，与一般价格水平无关。

另外，在现代信用货币体系下，货币是资金需求方通过商业银行"无中生有"地创造出来，即贷款创造存款，货币需求创造货币供给，不存在货币供给方放弃流动性向货币需求方让渡货币。由于货币需求创造货币供给，也不存在货币供求不一致的情况，从而不能用货币供给大于货币需求说明利率下降或货币供给小于货币需求说明利率上升，货币供给与货币需求代表的是同一个事物，即经济体中的货币量，这个货币量从货币当局统计的角度看是货币供给，从持有主体的角度看是货币需求，两者必然相等。

(二)防止陷入均衡分析的误区

总体来看，古典利率理论认为投资与储蓄相等以决定均衡利率的观点并不正确。投资与储蓄的均衡过程实际上不需要利率进行调节，因为当投资形成资产时，资产即为储蓄，投资与储蓄始终相等，两者的相等与利率的高低或变化无关。在逻辑上，利率不是由储蓄(供给)与投资(需求)共同决定，而是取决于投资方对未来投资收益的预期。不是因为利率越高，货币持有者愿意借出的货币越多，而是现实中资产的增值能力越高，投资意愿越强，投资者更愿意以高的利率通过商业银行贷款完成融资，实现货币创造。同理，不是利率越高储蓄方越愿意提供储蓄，而是投资需求方购买生产要素，使生产要素的持有方经过出售生产要素获取收入成为储蓄方。因而，投资需求是因，投资供给或资金供给是果，需求创造供给，而不是供给与需求经由利率调节达到均衡。总之，供求分析是存在既定物品的情形下从交易的角度研究价格的决定，而投资与储蓄之间不是交易关系，而是经由生产过程，需求将供给创造出来，投资需求与投资供给不是对等的力量，从而利率也不能由双方共同决定。

(三)应坚持马克思的利率决定观

马克思的利率决定观，是以剩余价值在货币资本家和职能资本家之间的分割为起点的。他认为货币资本家凭借对货币的所有权，与职能资本家共享产业利润，而产业利润是由工人创造的剩余价值的转化形式。利息这种质的规定性决定了其量的规定性，即利息量的多少取决于利润总额，利息率取决于产业平均利润率，产业平均利润率也就构成了利率的上限。至于利率的下限，则取决于职能资本家和货币资本家之间的竞争。但利率一般不能小于或等于零，否则货币资本家会失去借贷的积极性。因此，马克思认为利率水平一般应处于零与产业平均利润率之间，利率低于零或者高于产业平均利润率的情况是不可能长期维持的。

---

① 萨伊.政治经济学概论.陈福生，等，译.北京：商务印书馆，2009：438.

马克思关于利率决定于利润率的见解可以通过以下案例予以说明。例如，一群船员因为沉船漂到一个荒岛上，他们知道没有获救的希望，荒岛上也不生产任何食物，他们的生存只依赖于每人所带的不会腐烂的硬面包。在这种情形下，荒岛上借贷硬面包的利率必定等于零。如果利率大于零，则没有船员会借入硬面包，因为将来要归还更多的硬面包。如果利率小于零，则没有船员借出硬面包，因为将来会得到更少的硬面包。因而，利率只能为零，但船员之间并没有借贷，只是消费自己随身所带的硬面包。利率为零的原因是荒岛上的利润率为零。同理，如果这些船员随身所带的是易于腐烂的无花果，例如，今天的 5 个无花果明天会腐烂 1 个变成 4 个，那么，荒岛上的借贷利率必然是负的 20%，大于负的 20% 没有船员借入，因为今天借入 5 个，明天归还的数量会大于 4 个；如果利率小于负的 20%，则没有船员借出，因为借出 5 个，明天得到的数量小于 4 个。同硬面包的情形一样，荒岛上同样没有借贷，船员们还是吃自己的无花果。无花果的借贷利率之所以为负的 20%，正是因为无花果的利润率是负的 20%。

运用硬面包与无花果的例子可以看出，在严格的假定及逻辑下，资本的利润率是利率的重要决定因素，人们对于利率高低的主观判断也会随着利润率的变化而加以调整。这一观点也符合经济运行的现实，资本利润率较高的国家利率一般较高，而资本利润率较低的国家利率一般较低。结合马克思关于利率决定的分析过程及观点，可以得出，利息是剩余价值的一种转化形式，利率受利润率的影响。

另外，由于利率决定于资本的利润率，那么证券价格与利率反向变化的结论将不再成立。对于微观企业而言，利率是外生的，依据收益资本化原理，如果未来的收入流不变，利率下降显然会使企业的价值上升，导致其股价相应上涨。但在宏观分析中，利率是内生的，利率与收入不是相互独立的两个变量，利率下降是收入下降的结果，因而，不能根据利率的变化判断整体股市的变化趋势。

☞ **思考题**

1. 简述 72 法则。
2. 简述实际利率论与货币利率论的区别。
3. 比较分析各种均衡利率论，并指出各自的理论价值及缺陷。
4. 凯恩斯否定古典学派均衡利率论的理由是什么？他认为利率是如何决定的？
5. 在信用货币条件下，为什么利率决定于货币供求这一观点是错误的？
6. 在实物货币与信用货币下，利率的决定机制相同吗？为什么？
7. 简述利率的生产力决定论的理论渊源，并说明此理论在现代经济条件下的适用性。
8. 为什么不能依据利率的变化判断股市的趋势？

第三章　风　　险

本章首先介绍了风险的内涵及类型；其次，以货币的边际效用递减分析了经济主体风险厌恶的原因，并指出了风险在短期投资与长期投资中的差异；最后，以购买保险、分成制、期货与期权、获得更多信息等例子说明了回避风险的不同方式。

第一节　风险的内涵及类型

一、风险的内涵

投资决策是基于预测未来并据此选择现期行动方案的经济行为。根据所获得的有关未来时期信息的充分程度不同，经济主体面临三种情况：确定性、风险和不确定性。

确定性是指可以获得未来的完全信息，而风险和不确定性则指无法获得未来完全信息。美国经济学家奈特在《风险、不确定性和利润》一书中指出风险与不确定性不能完全等同，他将风险定义为"可度量的不确定性"，而将"真正意义上的不确定性"定义为"不可度量的不确定性"。具体来说，风险指事物的发展在未来可能有若干不同的结果，但每种特定结果发生的概率是确定的；而不确定性则指事物的发展在未来可能有若干不同的结果，但是每种特定结果发生的概率并不确定，需要进行主观判断。

在投资实践中，各种投资结果存在客观概率的情况很少，绝大部分情形下，投资者面临的是不确定性，即概率的分布未知，要依据主观判断。但鉴于风险更符合人们的日常表达，因此在实务中常用风险代表奈特所指的不确定性，相应地，风险计算中涉及的概率分布也是基于主观判断。

二、风险的类型

投资风险有多种分类方法，按其影响的范围以及能否分散可以分为系统性风险和非系统性风险，通常也被称为不可分散风险和可分散风险；按产生原因可以分为内生性风险和外生性风险，等等。

（一）系统性风险与非系统性风险

1. 系统性风险

系统性风险，又称为市场风险或不可分散风险，是指由政治、经济、社会、自然等环境因素对资产价格所造成的影响。系统性风险的主要特点有以下几个方面：一是影响范围广。系统性风险影响的是整个市场或市场中的大部分资产，而不是单个或少数资产。二是不可分散。由于系统性风险具有全局性,所以无法通过分散投资来降低或消除。三是由宏观因素引发。系统性风险通常由政策变化、经济周期波动、利率变动、购买力变化、汇率变动及自然灾害等引发。四是影响程度深。系统性风险虽然对各种资产价格的影响程度有所差异,但是,一旦爆发系统性风险,几乎所有资产的价格都会受到影响,导致投资者往往要遭受较大的损失。

2. 非系统性风险

非系统性风险,又称为公司特有风险或可分散风险,是指对个别资产产生影响的风险。非系统性风险通常由某一特殊的因素引起,与整体的资产价格不存在系统的关系,仅对个别或少数资产的价格产生影响。非系统性风险的主要特点有以下几个方面:一是影响范围较小。非系统性风险只影响个别或少数资产,而非整个市场。二是可分散。由于非系统性风险是局部性的,因此可以通过分散投资来降低或消除。三是由特定因素引发。非系统性风险通常由特定企业或特定行业的特殊因素引发,如公司的管理不善、工人罢工、新产品开发失败、失去重要的销售合同等都可能引发非系统性风险。

(二)外生性风险与内生性风险

1. 外生性风险

外生性风险是指由经济组织外部的因素所引发的风险,这些因素通常不受经济组织的控制或影响。外生性风险具有以下特点:一是外生性。外生性风险来源于经济组织外部,如宏观经济环境、政策变化、自然灾害等,这些因素与经济组织自身的行为无关。二是不可控性。由于外生性风险来源于外部,经济组织往往难以直接控制或改变这些风险因素。三是普遍性。外生性风险可能同时影响多个经济组织,而且具有传染性。

系统性风险属于外生性风险。非系统性风险也有一部分是外生性风险,例如,消费者的偏好和技术变化引起某企业的产品滞销,结果造成该企业投资收益下降,这类非系统性风险即为外生性风险。

2. 内生性风险

内生性风险则是指由经济组织内部的因素所引发的风险。内生性风险具有以下特点:一是内部性。风险来源于经济组织内部,与内部管理体制和运作机制紧密相关。二是可控性。相对于外生性风险,内生性风险在一定程度上是可控的,通过完善管理体制及改进运作机制可以降低内生性风险的发生概率和影响程度。三是特定性。内生性风险通常针对的是特定的经济组织,具有相对的特定性和针对性。显然,内生性风险属于非系统性风险,但非系统性风险并不完全属于内生性风险。在具体的投资实践中,投资决策失误、投资过程中缺乏严密的监督管理以及经营不善等,都会带来内生性风险。外生性风险和内生性风险往往相互作用。例如,一座大坝可能由于建筑者的偷工减料(内生性风险)和意外严重的暴风雨(外生性风险)的联合作用而崩溃。[1]

---

[1]　张中华. 投资学. 北京:高等教育出版社,2021:278.

第二节　风险厌恶

一、边际效用递减

边际效用递减(Diminishing Marginal Utility)指在一定时间内，在其他条件不变的情形下，随着消费者对某种商品或服务消费量的增加，消费者从每增加的一单位商品或服务中所获得的额外满足感(即边际效用)会逐渐减少。

依据对商品或服务的边际效用递减，可以得出货币的边际效用对经济主体也是递减的，即随着经济主体货币收入的逐渐增加，每增加一元钱给该经济主体带来的边际效用(即新增货币的效用增量)会越来越小。这是因为，随着货币收入的增加，经济主体的基本需求(如食物、衣物、住房等)逐渐得到满足，进一步增加的货币收入更多地用于满足更高层次的需求，当货币用于这些需求时，每增加一元钱所带来的额外满足感相对较低。一般而言，理性的经济主体得到货币后首先用于最重要(效用最大)的用途，然后再依次用于相对次要(效用相对较低)的用途。因而，在边际上，经济主体对货币效用的评价是递减的。

案例 1：货币的边际效用对经济主体甲是递减的。他面临两种选择：

方案 A：获得确定的 1000 元；

方案 B：以投硬币的方式决定获得的金额，出现正面(50%的概率)获得 2000 元，出现反面(50%的概率)获得 0 元。

从数量上看，A 和 B 方案的均值都是 1000 元，但相对于 A 方案而言，B 方案给甲带来的效用低于 A 方案。这是因为，如果把 A 方案作为初始状态，甲放弃确定的 1000元选择 B 方案，他得到的要么是 0 元，要么是 2000 元，概率各 50%。根据货币效用的边际递减，从 1000 元降为 0 元导致的效用减少要大于从 1000 元增至 2000 元导致的效用增加，从而甲不会选择 B 方案。由此也可以得出，经济主体风险厌恶的原因是货币的边际效用递减，即波动(风险)带来的成本大于收益。

对于甲而言，选择 A 方案的期望效用是 1000 元带来的效用，选择 B 方案的期望效用是 (0.5×2000 元的效用 + 0.5×0 元的效用)。1000 元的效用是 $U(1000)$，而 2000 元的效用是 $U(2000)$，则对于风险厌恶者甲，他会认为，$0.5 \times U(2000) + 0.5 \times U(0) < U(1000)$。这意味着，尽管选择 B 方案的期望值也为 1000 元，甲更倾向于选择 A 方案，因为 A 方案的确定性带来的效用更高。

对于现实中一些行为，比如赌博这一零和游戏之所以存在，有一种解释是：在赌注范围内，货币的边际效用对赌博参与者是递增的，即风险爱好。假定赌博双方初始财富与货币的效用函数一样(即认定为同一个经济主体)，且赌博为零和博弈，输赢金额相同。当货币的边际效用对赌博双方都是递增的情形下，双方会认为赌赢带来的货币效用增加量会大于赌输带来的货币效用减少量，即赌博这一行为会带来货币效用的净增加，因此赌博行为会发生；相反，当货币的边际效用对赌博双方都是递减的时候，双方则都认为赌赢带来的货币效用增加量会小于赌输带来的货币效用减少量，即赌博会带来货币效用的净减少，因此赌博行为不会发生。但是，当赌注增加到一定数值时，双方将不再参与赌博，这是因为货币的边际效用进入了递减的阶段，即在一定货币金额内货币的边际效用对经济主体递增，当超出这一货币金额，货币的边际效用会进入递减状态，这表明，货币的边际效用对经济主体是先递增后递减，也可以说，经济主体对风险的态度会随着资金量的增加由风险爱好转变为风险厌恶。

当然，还存在对赌博行为的其他解释。比如，参与赌博的双方都过于自信，自认为赢的概率大于对方，因而都认为参与赌博会增加自身的效用；赌博的其他乐趣也会带来效用，等等。以上解释带来的启示是：一方面，在分析问题时不要局限于线性思维，不能绝对化，经济主体对货币的边际效用的评价并不是绝对的递减或递增，可能存在拐点；另一方面，对同一经济现象或行为，存在多种解释，经济主体的行为动机是复杂的，只有在掌握充分信息的基础上进行全面深入的剖析才可以客观地理解经济主体的行为。

二、风险溢价

风险溢价（Risk Premium）指投资者因承担额外的风险而要求获得的预期回报超过无风险资产回报的部分。例如，在案例1中，甲会选择无风险的A方案而不会选择有风险的B方案，但是，如果将B方案的支付金额变为：硬币出现正面可获得2000元，出现反面将获得200元。在这种情形下，如果甲认为A、B两种方案无差异，也就是说处于均衡状态，那么，由于B方案的均值是1100元，则甲要求的风险溢价为100元。此时的经济含义是，甲认为从200元增加到1000元和从1000元增加到2000元给他带来的边际效用相等，即从A方案转变到B方案的成本与收益相等。如果让经济主体乙进行选择，他仍然选择A方案，则表明乙相对于甲来说更厌恶风险，即乙要求的风险溢价更高。

通常情况下，投资标的的风险越高，投资者因承担风险而要求额外的回报也就越大，即风险与收益成正比，这一关系在现实中也得到了验证。例如，有两家公司，一家信用等级较低（如BBB级），另一家信用等级较高（如AAA级）。两家公司都计划发行公司债券以筹集资金。信用等级较低的公司面临更高的违约风险，为了吸引投资者，它通常会提供比高等级公司更高的预期收益率，否则无人认购，市场不会均衡。股票市场也是如此，不同行业和公司的股票由于基本面、市场前景、盈利能力等因素存在差异从而具有不同的风险水平。一般来说，成长性高、风险也较高的公司（如科技初创企业）的股票，其预期回报率往往高于那些成熟稳定、风险较低的公司（如公用事业公司）。另一个明显的例子是创业投资，初创企业和新兴行业中的企业，本身发展往往具有高度的不确定性，但是这些公司若是成功上市或被成功并购，投资者将会获得可观的回报。

需要注意的是，承担风险要求获得额外的回报仅在单个时期内成立。在多期中，由于时间分散效应、回归均值、累积收益率等因素的影响，风险溢价的显著性会逐渐减弱甚至消失，主要体现在：随着投资时间的延长，单个时期的市场波动对总体回报率的影响会被平滑。在案例1中，如果不是让甲做一次性选择，而是每天都做这样的选择，持续数天，那么对于甲来说，方案 A 与方案 B 则会变得没有差异。很显然，对经济主体而言，一个确定的 1000 元的收入流和一个有风险的均值为 1000 元的收入流，如果收入流上的收入节点足够多，则这两种收入流会变得没有区别。

在投资实践中，短期投资者往往通过投资组合的方式，将投资资金分散到不同的标的上，使多种标的的波动相互抵消。但对于长期投资者，往往不是依靠分散化投资抵消波动，而是集中持有投资标的，通过拉长持有期限，依靠时间的力量使投资标的的波动自我抵消。这也能够解释作为长期投资者的巴菲特为什么在价值评估时不关心贴现率。比如，对于案例 1 中的方案 A 和方案 B，如果重复数次，对巴菲特而言，他对两种方案进行价值评估时所用的贴现率是一样的。由于认知和投资策略的差异，理论界更强调对收入波动（风险）的研究，以确定贴现率，而巴菲特则更专注于如何更科学客观地判断收入流。巴菲特认为投资风险是对投资标的收入流的误判导致的，而不在于每个节点收入流的波动性。

第三节　风险回避

在规避风险的假定下，如果当事人规避风险的费用低于通过规避该风险所获得的潜在收益，那么当事人就会试图规避风险，且规避风险的方式是多种多样的：一是在各种合约之间进行选择，以将风险负担分散给其他人，例如保险和各种合约安排；二是搜寻有关信息，以做出相对正确的判断；三是在进行投资时，运用期货或期权等金融衍生工具进行套期保值；四是进行分散化投资，利用不同投资标的的收益率的差异平衡整体收益率，从而降低风险。

一、购买保险

在市场机制下，经济主体的趋利性，会形成一些合约，将对一个经济主体来说可能是很大的风险分摊给许多经济主体，从而使每个经济主体所承担的风险很小，保险就是分摊风险的合约形式。例如购买了房屋火灾保险，如果房屋真的起火被焚毁，则保险公司必须按合同规定的价格赔偿房屋主人的损失。火灾保险的道理显然也适用于人寿、事故、汽车或其他种类的保险。

保险合约的优越之处在于，对个人来说是难以预料的事件，对整个群体而言则具有很强的预见性。例如保险公司为 100 万所房屋保险，每一所房屋的价值为 100 万元。一年之中，每所房屋发生火灾的概率为 1/1000，则该公司的预期损失值为 0.001×1000000 元，即每年一所住房的保险费用为 1000 元。保险公司向每个房主收取 1000 元保险费再加 1000 元的管理费用。每个房主所面对的问题是要么每年失去 2000 元的固定损失，要么就承担有 1/1000 可能性的 100 万元的火灾损失。由于不愿承担风险，房主会选择购买成本高于损失期望值的保险，以避免即使是很小可能性的重大损失。保险公司收取保险金为公司盈利，同时使个人预期效用得以实现。这样，我们便可以懂得保险作为另一种形式的赌博，实际上是如何产生恰好相反的效用的。尽管自然界会造成风险，而保险的存在却能帮助减轻和分散这些风险。[①]

二、分成制

分散风险的一个经典合约形式是分成制。地主和农民之间的分配形式大致分为三种：一是固定地租制，即农民向地主以货币或实物的形式交纳固定的地租，剩余部分归自己所有；二是雇佣工资制，即地主雇佣农民耕种土地，依据工作时间用货币或实物的形式向农民发放工资；三是分成制，即按一定的比例将产出在地主和农民之间分配。

传统理论认为，分成制在经济上是无效率的，主要原因在于分成合约挫伤了佃民的积极性，因为生产出的每一单位产量都有一部分作为地租交给地主。马歇尔曾指出："因为当佃户必须把他每次投于土地的资本和劳动的收益之半数交给他的地主时，如果投资的总收益少于作为他的报酬之数的两倍，则于他不利，他绝不会从事这种投资。如果他自由耕种，则他耕作的集约化程度远比英国制度下的为低。他所投的资本和劳动，以能给他两倍多的报酬为限，因此，他的地主在该报酬中所得的额，比在报酬固定下要少些。"[②]也就是说，与固定地租相比，分成制产出效率低。用数学方法分析如下：

设分成制下的生产函数为：

$$Q = f(L, T)$$

其中，Q 为总产出，L 为劳动投入，T 为土地投入。

在分成制下，佃农需要将总产出的 r 部分作为租金支付给地主，剩余的 $1-r$ 部分为佃农所有，即：

$$农民收益 = (1-r)f(L, T) \tag{3-1}$$

$$地主收益 = rf(L, T) \tag{3-2}$$

佃农的目标是最大化自身的收益，考虑到租金，佃农的效用最大化问题为：

$$\max_L (1-r)f(L, T) - Wl \tag{3-3}$$

其中，W 为劳动的工资率。

佃农的最优劳动投入 L^* 满足以下一阶条件：

$$\frac{\partial}{\partial L}[(1-r)f(L,T) - Wl] = 0 \tag{3-4}$$

即：

$$(1-r)f_L(L^*, T) = W \tag{3-5}$$

其中，f_L 为生产函数对劳动的边际产出。

若社会的目标是最大化总产出，则应最大化 $f(L, T)$，其一阶条件为：

$$f_L(L^{**}, T) = W \tag{3-6}$$

比较佃农在分成制下的最优劳动投入 L^* 和社会最优劳动投入 L^{**} 的边际产出条件：

---

①　萨缪尔森，诺德豪斯.微观经济学.萧琛，译.北京：华夏出版社，1999：158.

②　马歇尔.经济学原理(下卷).陈良璧，译.北京：商务印书馆，1964：345.

$$(1 - r) f_L(L^*, T) = W$$
$$f_L(L^{**}, T) = W \tag{3-7}$$

由于 $0 < (1 - r) < 1$，故：

$$f_L(L^*, T) > f_L(L^{**}, T) \tag{3-8}$$

根据边际产出递减的规律，得到 $L^* < L^{**}$，即在分成制下，佃农的劳动投入低于社会最优水平，从而导致总产出低于社会最优水平，也意味着分成制没有实现最大效率。

分析分成制的传统方法可以称为"税收–对等方法"。因为在分成制下，所生产的每一产出单位都有一部分作为地租被拿走；而在固定地租制或自耕制下，耕种者获得全部增加的产品(边际产出)。因此，分成制下的土地利用效率受到了削弱。例如，如果农民为增加价值为 1 元的产出所付出的边际成本是 0.8 元，在固定地租的情形下，这个产出将会实现，因为对于农民来说，边际收益 1 元大于边际成本 0.8 元。但在分成制下，假定地主的分成比例为 30%，那么这个产出将不会实现，因为农民的边际收益为 0.7 元，小于边际成本 0.8 元，所以农民不会为追求社会边际产出 1 元而放弃自己的 0.8 元。从而，相较于固定地租，分成制下农民的努力程度被弱化，导致产量较低，可以通过图 3.1 说明这一观点。

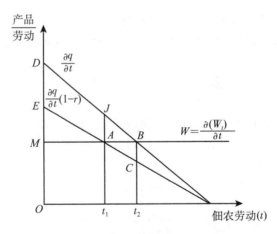

图 3.1 税收–对等方法的图解

首先，假设佃农的唯一投入是劳动。在图 3.1 中，佃农的劳动 t 用横轴来度量，$\frac{\partial q}{\partial t}$ 表示在一块给定的土地上佃农劳动的边际产品。佃农的边际成本 $\frac{\partial W_t}{\partial t}$ 在竞争的市场上是一条水平线。其中，W 是现行的工资率。若土地所有者雇佣人来耕作土地的话，均衡点为 B，所雇用农业工人的劳动量将是 t_2。在这一均衡点，有边际等式：$\partial q/\partial t = \partial(W_t)/\partial t$。地主自己耕土地也能获得同样的结果，而不管地主是工作 t_2，还是工作少于 t_2 而按 W 雇用他人来耕作。作为土地的回报，地主所获得的地租总额用面积 MDB 来表示，这一地租额等于定额租约条件下的地租额。但是，在用税收 - 对等方法分析分成租佃制时，扣除地租后佃农的边际净收益 $(\partial q / \partial t)(1 - r)$ 在曲线的每一点上都向下移动。也就是说，如果地主获得土地年产出的 40%$(r = 0.4)$，佃农获得产出的 60%，那么，$(\partial q / \partial t)(1 - r)$ 在每一点上都是 $\partial q / \partial t$ 的 60%。佃农在边际上进行决策时，均衡点为 A，此时佃农的边际成本等于边际收益，即：$\partial(W_t) / \partial t = (\partial q / \partial t)(1 - r)$，佃农相应的劳动投入量为 t_1。在这种条件下，总产品用面积 $ODJt_1$ 来表示，地主获得的地租等于面积 $EDJA$，佃农所获得的份额等于面积 $OEAt_1$。从图中可以看到，面积 MEA 表示佃农所获得的收益超过了他从事其他经济活动可能得到的收入（面积 $OMAt_1$）。在均衡点 A 时，佃农劳动的边际产出要大于佃农的边际成本。因此，分成租佃制是无效率的，面积 JAB 是经济上的浪费。[①]

张五常在他的《佃农理论》中提到，佃农分成制并不会降低效率、减少粮食产出，而且也是一种分散风险的方式。当一个地区气候异常，粮食产出波动较大时，传统的固定地租制或雇佣工资地租制就显现出弊端，农民或地主承受的风险过大。张五常打破了以往关于分成制会降低产出的错误认知，认为不管是分成制、固定地租或地主自耕等，其土地的利用效率都是一样的。产权弱化，或是政府过度干预资源配置，都将导致资源配置的无效率。他从数学角度分析了分成制具有相同的效率。

为简化起见，假设有两种同质的生产要素 h 和 t，h 代表每一佃户所承租的土地量，t 代表每一佃户所投入的劳动量。进一步假设，每一佃户的生产函数相同。在这些假设条件下，每一佃户与地主签订的合约中的土地量 h 与地租比例 r，必然会同时达到均衡。

假设每一佃户的生产函数是 $q = q(h, t)$，每一佃户所承租的土地量 h 等于地主所拥有的土地总量 H 除以佃农的户数 m，即 $h = H/m$，那么，地主的地租总额 R，就等于每一佃户的地租额乘以佃农的户数，即：

$$R = mrq(h, t) \tag{3-9}$$

在竞争的条件下：

$$W_t = (1 - r)q(h, t) \tag{3-10}$$

其中 W 是佃农劳动 t 的市场工资率。

这样，地主所要解决的问题就是，在竞争的约束条件下，如何通过选择 m、r 和 t 来使地租额 R 最大化，即：

$$\max_{\{m, r, t\}} R = mrq(h, t) \tag{3-11}$$

其约束条件是：

$$W_t = (1 - r)q(h, t) \tag{3-12}$$

建立拉格朗日表达式，问题就是最大化：

$$L = mrq(h, t) - \lambda[W_t - (1 - r)q(h, t)] \tag{3-13}$$

然后分别对 m、r、t 和 λ 求偏微分，得到如下的必要条件：

---

① 张五常 . 经济解释 . 易宪容，张卫东，译 . 北京：商务印书馆，2001：30-32.

$$\frac{\partial L}{\partial m} = rq(h,t) + mr \frac{\partial q}{\partial h} \frac{\mathrm{d}h}{\mathrm{d}m} + \lambda(1-r) \frac{\partial q}{\partial h} \frac{\mathrm{d}h}{\mathrm{d}m} = 0 \tag{3-14}$$

$$\frac{\partial L}{\partial r} = mq(h,t) - \lambda q(h,t) = 0 \tag{3-15}$$

$$\frac{\partial L}{\partial t} = mr \frac{\partial q}{\partial t} - \lambda W + \lambda(1-r) \frac{\partial q}{\partial t} = 0 \tag{3-16}$$

$$\frac{\partial L}{\partial \lambda} = -[W_t - (1-r)q(h,t)] = 0 \tag{3-17}$$

从上面的等式(3-15)，可以求出：

$$\lambda = m \tag{3-18}$$

要注意的是，由于 $\dfrac{\mathrm{d}h}{\mathrm{d}m} = \dfrac{\mathrm{d}(H/m)}{\mathrm{d}m} = \dfrac{-H}{m^2}$，等式(3-14)即可化成：

$$r \cdot q + m \cdot r \cdot \left(\frac{-H}{m^2}\right) + m(1-r) \frac{\partial q}{\partial h}\left(\frac{-H}{m^2}\right) = 0 \tag{3-19}$$

即 $r \cdot q - h \dfrac{\partial q}{\partial h} = 0$ 或 $\dfrac{rq}{h} = \dfrac{\partial q}{\partial h}$。

这就表明，在均衡状态下，每单位耕地面积的地租等于土地的边际产出，这一条件与固定地租合约下的条件是相一致的。

从等式(3-16)，可以求得：

$$\frac{\partial q}{\partial h} = W \tag{3-20}$$

即佃农劳动的边际产品等于工资率，这一条件与工资合约下的条件相一致。最后，解等式(3-14)和(3-17)的 r，得：

$$r = \frac{\partial q/\partial h}{q/h} = \frac{q - Wt}{q} \tag{3-21}$$

即在均衡状态下，地租所占的比例必须同时满足上面最后两个条件。换言之，在均衡状态下，土地的产出弹性 $\dfrac{\partial q/q}{\partial h/h}$ 等于 $\dfrac{q - Wt}{q}$，即总产量减去租佃的净成本(地租)除以总产量。①

传统理论认为，地主如果收取农户固定租金，付租后的生产剩余全归农户所有，那么边际上的产出都归农民所有。但在分成制下，农户的所有产出都要分一部分给地主，边际上的产出一部分归地主所有，农民的生产积极性自然会被削弱，所以佃农的生产效率低于固定地租。以上理论成立的前提是世界上只有一个地主和一个农民，从而忽略了地主之间的竞争关系和农民之间的竞争关系；而现实情况是，存在多个地主和多个农民，并且地主之间、佃农之间都存在竞争关系。从佃农的角度看，产量高的佃农会受到多个地主的青睐，此时佃农拥有选择权，他可以选择分成比率更高的地主。从地主的角

---

① 张五常. 经济解释. 易宪容，张卫东，译. 北京：商务印书馆，2001：37-38.

度看，地主将土地分给多个佃农，如果佃农的产出存在差异，按照分成制，地主同样数量的土地会获得不同收入，此时地主拥有选择权，他可以选择产出更高的佃农，产出低的佃农存在被解约的风险。因而，由于竞争的作用，在分成制下，佃农的努力程度与固定地租下是一样的，在产出上没有差异，具有同样的效率。

固定地租制和分成制产出相同的情况下，为什么选择采用分成制而非实行起来更简易的固定地租制呢？我们来分析一下不同制度下地主和农民之间的风险承担关系：在固定地租制下，无论产出多少都要向地主上交固定数量的租金，剩余的产出归农民所有，那么产出波动或风险将由农民独自承担；在雇佣工资地租制下，地主付给农民固定工资，剩余产出由地主所有，产出波动或风险由地主承担；在分成制下，农民按比例将产出的一部分上交给地主，产出减少，上交给地主的数量也将减少，此时产出波动风险由农民和地主共同承担。也就是说，当产出波动或风险较大时，地主和农民因风险规避行为不会采用固定地租与雇佣工资地租这两种合约，分成制成为一种地主和农民共同承担产出风险的合约形式。

三、期货与期权

风险对冲是利用交易手段规避市场风险的有效方法之一，在金融市场上，利用期货和期权对冲风险的操作通常被称为"套期保值（Hedge）"，它是金融市场尤其是衍生金融投资中较为常见的基本操作之一。

（一）期货

期货（Futures）是指，按照期货交易所的交易规则，双方当事人约定，同意于未来某一确定的时间，按确定的价格与数量等交易条件买卖商品，或到期结算差价的合约。在证券市场上，证券（包括衍生证券）的卖出被称为"空头"（Short Position），买进被称为"多头"（Long Position）。在交易之初，每一方的权利和义务是对等的，不存在谁付给谁钱的问题。交易所对合约条款进行规定，交易者对期货价格进行协商，多头头寸在交割日购买商品，空头头寸在合约到期日出售商品。需要注意的是，期货合约只是双方之间的一个协议，在合同签订时，资金并没有易手。在现实中，期货交易很少发生实物交割，交易双方经常在合约到期前平仓，以现金核算盈亏。套期保值者利用期货来保护他们的头寸不受价格波动的影响。

案例2：一家原油销售公司预计明年6月份有2000吨原油需要销售，为保护其销售收入不受价格波动影响，该公司选择在原油期货市场做空，卖出明年6月份的原油期货。设 F_0 是初始的期货价格，P_r 是交割日的原油价格，则期货的盈利或亏损是每桶 $F_0 - P_r$，不论原油的最后价格如何，每桶原油的收入总是 $P_r + F_0 - P_r$，等于 F_0。该例中原油销售公司利用空头头寸规避资产出售价格波动的风险，称为空头套期保值。那么多头套期保值就是指为规避资产购买价格波动风险而采取的套期保值操作。例如航空公司担心明年6月份原油价格上涨导致的成本增加，在原油期货市场上做多，买入明年6月份的原油期货，无论明年6月份原油的价格如何波动，航空公司每桶原油的购买成本将保持不变。从这里可以看出，"套期保值"所保的"值"对于原油销售公司而言指的是收入，对于航空公司而言指的是成本。

套期保值操作的原理是：在任何到期市场价格下，原油现货交易赚多少，原油期货空头（期货交易）就亏多少，反之亦然。因而，原油销售公司的总收入保持不变。同理，利用期货多头可以对冲一个相反的风险，如航空公司买进原油期货，也会使其原油的成本保持不变。

（二）期权

利用期货避险（对冲），在回避了价格波动风险的同时，也失去了价格有利变动的好处。比如，在案例 2 中，假定明年原油价格上涨，如果没有卖出期货对冲风险，则原油销售公司的实际收入将增加；在卖出期货对冲风险的情况下，实际收入已固定。虽然消除了风险，但收入增加的机会也被冲掉了。有没有一种工具，既能"冲掉"价格下降的风险，又能保留价格上涨的好处呢？这个工具就是期权。

期权（Option）是指一种选择权利，规定期权的买方支付给卖方一笔权利金，获得一种权利，可于期权的存续期或到期日当天，以执行价格与期权卖方进行约定数量的特定标的交易。期权合约分为美式期权和欧式期权，其区别在于：美式期权赋予持有人在期权到期日或之前任何时点行使买入或卖出标的资产的权利；欧式期权规定持有者只能在到期日当天行权。案例 2 中，如果明年 6 月份原油的市场价格低于期权买卖时约定的价格，则原油销售公司可以按约定价格（相当于期货价格）出售；反之，如果到期原油的市场价格高于约定的价格，则原油销售公司可以不履约而按市场价格出售。这样，期权就既能"冲掉"价格下降的风险，又能保留价格上涨的好处。

期权按买权与卖权分为看涨期权与看跌期权。看涨期权（Call Option）又称认购期权，是指期权的购买者拥有在期权合约的有效期内按执行价格买进一定数量标的物的权利，即买权。看涨期权的持有方或买方称为看涨期权多头，看涨期权的出售方称为看涨期权空头。看跌期权（Put Option），又称卖出期权，是指期权的购买者在期权合约的有效期内按执行价格卖出一定数量标的物的权利，即卖权。看跌期权的持有方或买方称为看跌期权多头，看跌期权的出售方称为看跌期权空头。

（三）期货与期权比较

期货和期权作为两种不同的衍生金融工具，在对冲风险、投机等领域中发挥着重要作用，两者的主要区别表现在以下几个方面。

1. 交易义务方面：期货交易双方权利义务对等，到期时必须按期货价格交割。期权持有者或期权的买方到期有权选择是否行使期权进行交割，而期权卖方有义务在持有者行使期权时进行交易。看涨期权不要求持有者必须行使期权，只有当标的资产的市值超过行权价格时，持有者才愿意行权，以行权价格获得标的资产。否则，当市值低于行权价格时，期权持有者放弃行权。看跌期权随资产市值降低而增值，只有在行权价格高于标的资产时，看跌期权持有者才会选择行权，以行权价格出售资产。

2. 风险和收益方面：如果标的的价格最低为零、最高为无穷大，那么，在理论上，期货多头收益是无限的，亏损是有限的。相应地，期货空头的收益是有限的，亏损是无限的。期权多头的最大损失是期权费。看涨期权多头的收益是无限的,看跌期权多头的收益是有限的。期权空头的最大盈利是期权费。看涨期权空头的亏损是无限的,而看跌期权空头的亏损是有限的。

3. 保证金方面:期货的交易双方都需要支付保证金,以确保能够履行合约;期权买方不需要支付保证金,只需支付期权费,期权卖方需要支付保证金。

4. 结算方式方面:期货可以通过实物交割(实际交割标的物)或现金交割(根据价格差异进行结算)完成;大多数期权通过现金结算,尤其是金融期权,某些商品期权可能要求实物交割。

期货和期权各有优缺点,投资者应根据自身的风险承受能力、投资目标和市场分析来选择适合的工具。

四、获得更多信息

巴菲特认为,风险源于对标的物的误判,因此掌握更多信息以及正确分析信息在投资决策中至关重要。在 20 世纪 70 年代,经济学家们发现信息不仅是不完全的,也是不对称的。在非对称信息情况下,逆向选择和道德风险随时可能发生,通过建立起激励机制和信号传递机制可以减少这些现象的发生。乔治·阿克洛夫、迈克尔·斯彭思和约瑟夫·斯蒂格利茨因为在非对称信息领域的突出贡献,共同获得了 2001 年诺贝尔经济学奖。

(一) 中介组织降低风险的作用

阿克洛夫在 1970 年发表的《"柠檬"市场:质量的不确定性和市场机制》一文中提出了著名的旧车市场理论。旧车市场,也称二手车市场或柠檬市场,代表次品市场。旧车市场理论是指旧车的买方和卖方关于旧车质量的信息存在不对称,相对于买方而言,卖方作为旧车的使用者,对于旧车质量拥有更多的信息。但旧车买方也是理性的,不会相信卖方对旧车质量的描述,只愿意按照市场中旧车的平均质量出价,即买方虽然不能确定每辆旧车的具体质量,但可以判断市场中旧车的平均质量。这种假定也符合常识,例如,我们虽然不知道市场上每个具体毕业生的水平或质量,但可以大致知道其所在学校毕业生的平均水平,从而按平均水平提供报酬。在按旧车平均质量出价的情形下,高于平均质量的 1/2 的旧车车主会选择退出,买方继续按剩余旧车的平均质量出价,那么高于平均质量的旧车车主选择退出,即原有旧车的 1/4 会选择退出市场,随着这个过程不断进行,旧车市场将不复存在。

以上推理产生的原因在于,在信息不对称的情形下,交易的风险大到使交易无法达成。但是,在现实中,由于中介组织的出现,旧车市场非常发达。具体机制为:相对于卖方这一"无庙的和尚"而言,中介组织因投入大量的资源设立营业场所,成为"有庙的和尚",提高了提供虚假信息的成本,即营业场所起到了抵押物的功能。另外,中介组织拥有专门的人才,可以有效识别旧车的质量。也就是说,中间组织既有能力掌握旧车信息,也愿意提供这些信息,从而缓解了信息不对称的程度,降低了购买旧车的风险,促进了旧车的交易,提升了经济效率。风险使交易无法达成意味着不存在生产者剩余与消费者剩余，第三方中间组织通过降低交易风险，促进交易达成时，生产者剩余和消费者剩余也就被创造出来，即使中介组织取走一部分剩余，还是实现了帕累托改进，是具有经济效率的。

（二）主动释放信号降低风险

1974年，斯彭思在其论文《市场信号：雇佣过程中的信号传递》中开创性地研究了将教育水平作为"信号传递"的手段，分析了劳动力市场中具有信息优势的个体如何通过"信号传递"将信息可信地传递给处于信息劣势的个体以实现有效率的市场均衡，从而成功地创立了信号传递理论。斯彭思认为，在劳动力市场中，雇佣单位和求职者关于求职者能力存在信息不对称。求职者对于自身情况更为了解，处于信息优势方，雇佣单位的信息来自求职者，处于信息劣势方，一旦求职者夸大自己的能力，雇佣单位面临雇佣低能力者的风险。

求职者可以通过主动向雇佣者释放"强信号"以表明自身的能力，例如在简历上标明学历背景以体现个人能力，缩小双方信息差。斯彭思假定，获得名校文凭的人通常能力较强，具备聪明和勤奋这两个特征，这也是雇佣单位所偏爱的雇佣对象。具备聪明特征的求职者一般工作效率高，即产出能力强，而具备勤奋特征的求职者一般能够接受高强度的工作，即主观上的工作成本低。"强信号"具有不可模仿性或者模仿成本极高，因此文凭可以作为企业雇佣员工过程中的"强信号"。斯彭思引入信号传递机制的目的就是克服劳动力市场的无效率，该机制有效的条件是：发送信号要发生成本，不同行为人发送同一个信号的成本不同。也就是说，如果名校文凭是"强信号"，则意味着低能力的求职者获得名校文凭成本太高，从而"强信号"起到了识别与筛选功能，降低了签订劳动力合约的风险，增加了劳动力市场的层次性及各层次下的雇佣规模，即增加了劳动力市场的厚度和宽度。

信号传递理论在现实中具有广泛的应用。如在上例中的旧车市场，虽然卖方也可以用提供保证书的方式向买方发出旧车质量有保证的信号，但由于卖方属于"没庙的和尚"，他提供的保证是不需要成本的，即不会为夸大质量的承诺付出代价，因而买方不会相信这种信号。但旧车买方更愿意相信旧车中间组织提供的质量保证书，因为中间组织是"有庙的和尚"，能够为虚假承诺付出代价的可能性较大，更重要的是中间组织一旦由于虚假承诺导致声誉受损，其未来的业务将受到不利影响，成本也是巨大的。再例如，托福和雅思成绩之所以能够起到信号传递的功能，是因为对于每个申请者来说通过这类考试的成本并不相同，但是，如果所有申请者都能通过英语培训取得高分，显然培训机构会降低托福和雅思成绩作为信号传递功能的有效性。

（三）被动释放信号降低风险

斯蒂格利茨与罗斯柴尔德合作发表的文章《竞争性保险市场的均衡：关于不完美信息的经济学的一篇论文》提出了著名的"信息甄别"模型，即通过机制设计使信息优势方被动释放信号，从而降低保险市场的风险。

以自行车保险市场为例。在信息对称的情况下，投保人的信息为保险公司所知道，此时不存在道德风险和逆向选择。但是在信息不对称的情况下，由于其行为无法被保险公司观察到，投保人看管自行车的努力可能会因为投保而发生改变从而产生道德风险，导致自行车被盗概率上升，保险公司就可能会亏损。结果是没有公司愿意提供自行车保险，即风险使社会中有帕累托有效的一些交易可能不会发生。另一方面，每个投保人可能知道自己自行车失窃的概率，而保险公司不一定知道这种信息。那些觉得自己的自行车被盗的概率比较大的人会更有积极性投保，这样保险公司赔偿的概率也会变高，会更加容易亏损，同样最终这个保险市场也会不存在。针对这种情况有两种改进方法：第一种是提高保费。斯蒂格利茨证明了提高保费不能使保险市场的逆向选择现象消失。因为保费提高时，那些犹豫不决的客户可能就会选择不投保，而这部分人往往是丢车概率比较小的人，因为丢车概率越小，他愿接受的保费就越低，这时保险市场同样难以存在。第二种是采用混同均衡的方法。斯蒂格利茨证明：在竞争市场上，不存在使丢车概率高的人和丢车概率低的人都愿意接受的合同的混同均衡，只存在会使不同的人做不同的选择的保单分离均衡。

在混同均衡中，所有人购买相同的保险合同，购买保险的客户往往是最容易发生事故的人群，这样的逆向选择使保险公司不得不提高保费。而当保费提高时，低风险客户会选择退出市场，只留下风险更高的客户，如此恶性循环下去，保险市场无疑最终也会成为"柠檬市场"。斯蒂格利茨和罗斯柴尔德提出，为避免上述现象的出现，保险公司可以通过两类不同保单将高风险客户与低风险客户甄别开来，即提供低险金和低赔付比例的保单、高险金和高赔付比例的保单两种组合。对于发生事故概率较高的客户而言，选择第一类保单是不划算的，他们会偏向于选择购买第二类保单。同样，对于发生事故概率较低的客户而言，选择第二类保单是不划算的，他们会偏向于选择购买第一类保单。这样，通过客户的自选过程，不同风险程度的投保人选择适合于自己的最优合同，在选择合同的同时被动释放出信号，保险公司就可以把客户的风险信息甄别开来，保险市场实现了有效率的"分离均衡"。

下面通过图 3.2 说明斯蒂格利茨通过合约设计对投保人风险状况进行区分，识别高风险投保者和低风险投保者，进而达到按不同风险等级缴纳不同保费的目的。

图 3.2 中 P 代表保费，Q 代表自付比例，曲线 $U_甲$、$U'_甲$、$U_乙$、$U'_乙$ 为甲乙两个投保者的无差异曲线。该无差异曲线有以下特点：一是该无差异曲线向下倾斜，即保费越高则自付比例越低；二是离原点越远的无差异曲线代表的效用水平越低，也代表着投保者的效用水平越低。因为在既定的保费下，离原点越远，意味着自付比例越高，或者说在既定的自付比例下，离原点越远，意味着需要交的保费越高，二者都说明了离原点越远，投保者的效用水平越低。

从图 3.2 中可以看出，投保者甲和乙的无差曲线的斜率有所差异，投保者甲的曲线较乙更为陡峭。投保者甲和乙的无差异曲线相交于点 C，从 C 点出发，增加既定的保费 $M_0 M_1$，投保者甲自付比例降低了 $N_0 N_2$，投保者乙自付比例降低了 $N_0 N_3$，乙要求降低的自付比例更小。或者从 C 点出发，降低相同的自付比例 $N_0 N_1$，投保者甲增加的保费为 $M_0 M_2$，投保者乙增加的保费为 $M_0 M_3$，乙愿意交的保费更多。无论从哪个角度看，乙更在乎自付比例，是高风险的投保者。

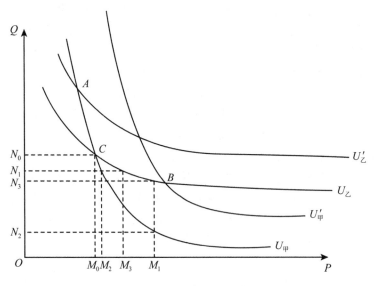

图 3.2　投保者无差异曲线

以健康险为例，图 3.2 中的 A 点和 B 点分别代表两种合约。合约 A 的特点是投保者支付更少的保费但是自付比例更高，合约 B 的特点是投保者要付出更多的保费但自付比例较低。由前面分析可知，无差异曲线离原点越近，投保者效用越高。面对 A、B 两个合约，高风险的投保者乙会选择合约 B，因为与合约 A 相比，合约 B 位于离原点更近的无差异曲线 $U_{乙}$ 上，即合约 B 带给投保者乙更高的效用。而低风险的投保者甲会选择合约 A，因为与合约 B 相比，合约 A 位于离原点更近的无差异曲线 $U_{甲}$ 上，给甲带来的效用更高。因此，保险公司通过设计不同的合约，并依据投保者的选择来甄别其风险水平。

与斯彭思的信号传递机制主动释放信号不同的是，斯蒂格利茨的信号甄别模型是被动释放信号，通过设立不同合约以区分不同风险的投保者并向高风险投保者收取更高保费。可以理解，如果只有一种合约形式，比如保险公司只有一种保险合约 B，在这种情形下，甲可能不会购买保险，因为对于低风险的甲而言，付出太多的保费不值得。这也表明，合约的形式越丰富，选择范围就会越大，就越有利于交易的形成，相应地也会提高交易双方的效用。

当然，信息并非越多越好。一方面，信息是一种商品，获取信息需要付出相应的成本，当获取信息的边际成本等于边际收益时获取的信息量达到最优。斯蒂格勒认为"对商品信息的无知，就像对零度以下的气候，我们可以通过付出足够大的费用，使它对人的影响维持在能够忍受的，甚至感觉到比较舒服的限度内，但是，要试图彻底消除这种影响，则完全不值得。如果我们对寒冷的气候一无所知，便不可能全面分析人应当用什么样的住所和衣服一样，倘若我们对商品信息这类冷风没有进行过系统的研究，也不可能全面理解经济生活。"斯蒂格勒的意思是说，追求"比较舒服"是必要的，但为了追求"更加舒服"继续付出相应成本则变得没有必要，因为这一行为的边际成本大于边际收益。对于信息而言也是一样，即获取信息所导致的边际成本等于边际收益时，信息的获取量是最优的，超过这个量是没有必要或是无效的。在现实中，消费者购买商品时通常会在同类型的商品中进行比较，选择性价比最高的商品，显然，获取有关商品的信息量与标的商品的价值有关。当购买标的的价值量更大时，理应付出更多的成本搜寻相关信息，因为信息带来的预期收益更大。例如，相对于购买一件衣服而言，购买一套房子所花费的信息成本显然要高出很多，这也是经济主体遵循边际收益等于边际成本的理性体现。

另一方面，一些无效信息或不良信息的获取可能反而会使收益减少。例如，巴菲特没有选择在华尔街而是在奥马哈开展投资活动，就是因为华尔街充斥着各种信息，噪声过大反而会对其决策造成干扰。再例如，银行进行信贷风险管理需要收集大量有关借款人的信息，包含借款人的人品、借款人的嗜好、借款人资产实力、借款人的借款用途、借款人的收入水平或经营能力、借款人的收入支出状况或经营状况等。但信息的收集也要注意适度性，因为信息过多过杂，反而会影响风险评估的科学性。

☞ **思考题**

1. 简述系统性风险与非系统性风险，并说明这一划分方式的缺陷。
2. 简述外生性风险与系统性风险的关系。
3. 简述内生性风险与非系统性风险的关系。
4. 试用边际效用递减规律解释赌博会使社会福利下降，并说明这一分析的局限性。
5. 什么是风险溢价？并说明风险溢价的原因。
6. 为什么在多期中风险溢价会消失？
7. 举例说明期货与期权两种衍生金融工具的差异。
8. 信息不对称是影响市场合约达成的重要因素，联系实际，列举几种促进信息对称的方式，并据此说明市场机制的有效性。

第四章　收益、风险与投资组合

收益与风险是投资决策的主线。本章首先介绍了单一资产收益与风险的度量；其次，说明了投资组合的基本原理及其收益与风险的计算方法；最后，依据主宰法则评价了有效与非有效的投资策略，并据此得出马科维茨的效率边界。

第一节　收益的含义及度量

一、收益与收益率

收益是一个绝对指标，指投资者从投资活动所获得的利润或报酬。投资收益可以由多种形式组成，如股息、利息、租金、资本增值（即资产价值的增加）以及现金流等。收益率是一个相对指标，用来衡量投资收益与投资成本之间的关系。它通常以年度百分比的形式表达，反映了投资者在单位时间内（如一年）从投资中获得的收益与投资成本的比例。一般在投资决策中使用相对指标也就是投资收益率来衡量投资的可行性。但是，投资的最终目的是获得收益，因此当相对指标与绝对指标发生冲突时，将以绝对指标为准。

以金融投资为例，收益与收益率的表达式分别为：

$$R = p_t - p_{t-1} + D_t \tag{4-1}$$

$$r_t = \frac{p_t - p_{t-1} + D_t}{p_{t-1}} \tag{4-2}$$

式（4-1）和式（4-2）中，R 表示资产持有期内的收益，r_t 为持有期内的收益率，p_t 为资产期末价格，p_{t-1} 为资产期初价格，D_t 为持有期内股息、利息等收入。

从式（4-2）中可以看出，持有期收益率（Holding Period Yield）是投资者在持有某种资产（如股票、债券等）期间所获得的收益率。这一指标反映了投资者在持有期内从该资产中获得的现金流入（如股息、利息）以及资产价格变动（买卖价差）所带来的收益情况与期初价格之比。

以股票为例，假设一个投资者以期初价格 100 元买入，一年后的期末价格为 110 元，获得 4 元现金股利，那么在本例中持有期收益率为 14%。持有期收益率的定义假设股利在持有期期末支付，如果股利支付提前，持有期收益率则忽略了股利支付点到期末这段时间内的再投资收益。

影响持有期收益率的因素主要有：（1）资产价格波动。资产价格的上涨或下跌会直接影响投资者的买卖价差收益，从而影响持有期收益率。（2）股息或利息收入。对于股票和债券等能够产生现金流的资产而言，股息或利息收入是持有期收益率的重要组成部分。(3)投资期限。持有资产的时间长短也会影响持有期收益率。一般来说，长期投资能够平滑价格波动带来的风险，并可能获得更高的复合收益率。由于持有期收益率取决于期初价格、期末价格及期间所获得的收益，计算持有期收益率时可以发现，在期末价格既定的情况下，期初买入价格越低，持有期收益率越高，两者呈现反向关系。

二、单一资产历史收益率的计算方法

在单个持有期间计算收益率是简单的，但在现实中可能会面临两个问题：一是历史时间序列上一个投资标的，例如一只股票，每年都有一个收益率的情况下历史收益率的计算；二是在未来一个投资标的可能产生多个收益，每个收益对应相应的概率，即预期收益率的计算。下面首先介绍单一资产历史收益率的计算方法。

(一)算术平均法

算术平均法是指将各个期间的收益率简单加总后除以期间数计算平均收益率，计算公式为：

$$r = \frac{r_1 + r_2 + \cdots + r_t}{t} = \frac{1}{n}\sum_{i=1}^{t} r_i \tag{4-3}$$

公式(4-3)中，r_i 为第 i 期收益率，t 为期间数。

例如，假设某投资者在连续 3 年内分别获得了 10%、20%、6% 的收益率，使用算数平均法可计算这 3 年的平均收益率 r=(10%+20%+6%)/3=12%。

算术平均法计算虽然简单，但至少存在两个方面的问题：一是无法体现复利效应；二是无法准确反映投资的真实表现，特别是当各时期收益率差异较大时。例如，一只股票第一年年初的价格为 100 元/股，第一年末价格变为 50 元/股，第二年末变为 100 元/股。使用算术平均法计算平均年收益率=(第一年收益率+第二年收益率)/2，计算后可得出算术平均收益率为 25%。但是，如果持有这只股票的期限是两年，则两年期内的收益率为零，25%的算术平均收益率并没有反映投资期间的真实收益率。当然，一般而言，用算术平均法计算的结果可以用于预测未来的股票表现，当发现该股票前两年的平均收益率为 25%时，可推测下一年的收益率也为 25%，那么股价很可能在 100 元/股的基础上上升至 125 元/股。

从这个例子也可以发现，以两年为一个投资区间进行计算收益率为 0。同样的，以第一年为投资区间，收益率为-50%，以第二年为投资区间收益率为 100%。因而，收益率的高低取决于其持有区间及其起止点，持有区间即持有窗口不同或者相同持有区间但起止点不同都可能会改变平均收益率。另外，这个例子也表明，下跌 50%的损失需要上涨 100%才能弥补，这也是巴菲特强调"永远不要亏损"的原因。

(二)几何平均法

几何平均法是使用复利思想，考虑到货币的时间价值以及复合增长的影响。几何平均收益率的公式如下：

$$g = \left[\prod_{i=1}^{n} (1 + r_i) \right]^{\frac{1}{n}} - 1 \qquad (4\text{-}4)$$

公式(4-4)中，g 表示几何平均收益率，r_i 为第 i 期收益率，n 为期间数。

几何平均法计算出的年平均收益率考虑了资金的时间价值，反映了投资学中的"复利"思想，因此，几何平均收益率往往适用于计算多期投资的平均回报率，能够通过对时间加权实现衡量最初投资价值的复合增长率，准确衡量基金或股票等资产的实际收益情况。投资者可以通过比较不同投资产品的几何平均收益率来选择表现更优的投资标的。同时，几何平均收益率还可以帮助投资者评估自己的投资策略是否稳健，以及预测未来多期收益的可能。

这里，还要注意一个相近的概念——时间加权收益率，计算公式如下：

$$\text{twr} = \prod_{i=1}^{n} (1 + r_i) - 1 \qquad (4\text{-}5)$$

时间加权收益率与几何平均收益率的区别在于：时间加权收益率不开 n 次方，而几何平均收益率则要开 n 次方，即时间加权收益率代表 1 元投资在 n 期内所获得的总收益率，而几何平均收益率则在年平均收益率复利的角度，反映的是 1 元投资在 n 期内的平均收益率。

接上例，计算出几何平均收益率 $r = \sqrt{(1 - 50\%)(1 + 100\%)} - 1$，结果为 0，即从复利的角度来看，该股票持有期间的年平均收益率为 0。因为年平均收益率为 0，计算出的持有期间总收益率即时间加权收益率也为 0。假定一只股票第一年年初的价格为 100 元/股，第一年年末股票价格变为 50 元/股，第二年末变为 150 元/股，计算可以得出几何平均收益率为 14.47%，而时间加权收益率为 50%。

三、单一资产预期收益率的计算

以上是从历史纵向角度计算收益率，下面来看预期收益率的计算方法。

例如，某一只股票现在的价格为 100 元/股，预计下一年的股票价格及各种情形下的概率见表 4.1。

表 4.1 计算单一资产的期望收益率

情形	概率（P_i）	该情形下资产的期末价格	该情形下收益率（r_i）
情形 1	40%	60	−40%
情形 2	30%	110	10%
情形 3	30%	150	50%

将各情形对应的收益率乘以各情形发生的概率，即以概率为权重进行加权计算，可得该股票的预期收益率 $= r_1 \times P_1 + r_2 \times P_2 + r_3 \times P_3 = 40\% \times (-40\%) + 30\% \times 10\% + 30\% \times 50\% = 2\%$。

进一步推广，可得计算单一资产的预期收益率的一般公式为：

$$E(r) = \sum_{i=1}^{n} r_i P_i \tag{4-6}$$

公式(4-6)中，r_i 为第 i 种情况下的收益率，P_i 为第 i 种情况发生的概率，而 n 为预期发生的情况数。

影响预期收益率结果的因素包括各种可能下股票的价格以及各自对应的概率，而这往往受主观影响较大。不同的投资者对于股票明年的价格变为多少及其对应的概率认知不同，最终得出的预期收益率也会不同，这也是投资者之间发生交易的原因。

第二节　确定性与风险

一、确定性

确定性是指完全信息的情况下，资产未来的收益率是确定的。在确定性情形下，各种确定性资产的收益率应该相等。

假设有两种确定性资产，资产一的期末价格为 110 元，资产二的期末价格为 220 元。如果资产一的期初价格为 100 元，可计算得出该资产的确定性收益率为 10%。此时，资产二的收益率也一定为 10%，即资产二的期初价格必然为 200 元，这是由经济主体的套利行为决定的。

套利(arbitrage)，也即价差交易，通常指某种资产在同一市场的不同时间点或同一时间点的不同市场拥有两个价格的情况下，以较低价格买进并以较高价格卖出从而获取无风险收益的投资行为。套利具有三个特征：(1)零投资。在进行套利操作时，投资者不需要追加任何额外投资。(2)零风险。套利行为的本质是在利用市场的不完全有效性捕捉价格差异并借此获得收益，并不涉及市场相关的系统性风险或资产本身的非系统性风险。(3)正收益。投资者都能通过套利行为获得投资收益。

结合套利的概念，对上例进行进一步说明。如果资产二的期初价格不是 200 元而是 176 元，即该资产的预期收益率为 25%，市场将会处于不均衡的状态。由于资产二有着更高的收益率，为获取更高收益，投资者将倾向于卖出低收益的资产一并买入高收益的资产二。在市场供需关系的作用下，资产一供大于求，价格下降，因期末价格确定，收益率上升，资产二供小于求，价格上升，在期末价格确定的情况下，收益率下降。这种套利行为导致的价格变化将持续到两种确定性资产收益率相同，比如，资产一价格下降至 95.7 元、资产二价格上涨至 191.3 元，两者的收益率均为 15% 的情况。此时，经济主体失去了在资产一与资产二之间重新配置资金的动机，市场处于均衡状态。如果多种确定性资产的收益率不相等，市场价格变化也是如此，各种确定性资产的收益率经过经济主体的套利行为实现彼此相等。

二、风险的度量

(一)单一资产历史预期收益率的风险度量

在实际生活中，准确预测资产可能的收益率以及发生概率十分困难。为了简便，可以使用以前的收益率为样本并假定其发生概率不变,计算过往样本的平均收益率,再以实际收益率与平均收益率相比较,并以此确定该资产的风险。计算公式为:

$$\sigma^2 = \frac{1}{n-1} \sum_{i=1}^{n} (R_i - \bar{R})^2 \qquad (4-7)$$

公式(4-7)中,R_i 表示的是样本收益率,而 $\bar{R}$ 为样本平均收益率,n 为样本数。

(二)单一资产预期收益率的风险度量

因为投资收益率的不确定性或波动性,统计上一般用预期收益率的方差(或标准差)来度量风险。方差(或标准差)反映的是投资收益率的各种可能结果相对于其期望值的偏离程度。这种偏离有好有坏,如果实际投资收益率高于期望投资收益率无疑是好的,但如果实际投资收益率低于期望投资收益率则很可能给投资者带来损失。预期收益率的方差与标准差公式为:

$$\sigma^2 = \sum_{i=1}^{n} [R_i - E(R)]^2 \times P_i \qquad (4-8)$$

$$\sigma = \sqrt{\sum_{i=1}^{n} [R_i - E(R)]^2 \times P_i} \qquad (4-9)$$

公式(4-8)和(4-9)中,R_i 为各种可能的投资收益率,$E(R)$ 为该资产的期望收益率,P_i 为收益率事件发生的概率,n 为收益率事件数。

(三)变异系数

如果两个资产的预期收益率差异太大,直接使用方差(或标准差)无法准确对比二者的风险差异。例如,A 资产的预期收益率是 20%,B 资产的预期收益率是 5%,即使 A 资产的标准差大于 B 资产的标准差,也不能得出 A 资产的风险(波动性)大于 B 资产的风险(波动性),因为两者的基数不同。由于这个原因,引入变异系数(Coefficient of Variation),即标准差与预期收益率之比,来反映单位预期收益率所对应的风险,以此消除预期收益率差异的影响。变异系数 CV 表示为:

$$CV = \frac{\sigma}{\mu} \qquad (4-10)$$

公式(4-10)中,σ 为资产预期收益率标准差,μ 为资产预期收益率。

第三节　投资组合的收益与风险

一、投资组合的收益率

(一)投资组合的历史收益率

投资组合是将资金配置到多个投资标的上,投资组合的收益率同样是等于投资组合的收益与投资组合的成本之比。

投资组合的历史收益率是组合中各资产的历史收益率加权平均值(权重为各资产价值在组合中的投资比例)。由于各资产的收益等于投资量乘以其收益率,总收益为各资产收益的加总,每个资产的投资量占总投资量的比例是该资产的投资比例,因而,投资组合的历史收益率可用公式(4-11)表示:

$$\mu_p = \sum_{i=1}^{n} X_i r_i \tag{4-11}$$

公式(4-11)中,μ_p 为投资组合的历史收益率,X_i 为各资产在组合中的投资比例,r_i 为各资产的收益率,n 为组合中资产数。

例如,假定某一投资组合中包含两种股票 A 和 B。在年初,两种股票的市场价值分别为 60 元和 40 元。若这两种股票均不派息,且年底股票 A 和 B 的市场价值分别上升到 66 元和 48 元。试计算该投资组合的收益率。

方法一:基于收益率的基础定义即收益与成本之比进行计算。该投资组合整体的期初价格为 60+40=100 元,期末价格为 66+48=114 元,持有期间无股息收入,其间收益为 14 元,计算可得收益率=(114−100+0)/100=14%。

方法二:根据公式(4-11),分别计算投资组合内各资产的投资比例以及对应的收益率并最终加权计算得出结果。在该例中,股票 A 的投资占比 X_A 为 60%,收益率 r_A = (66 − 60 + 0)/60 = 10%,股票 B 的投资占比 X_B 为 60%,收益率 r_B = (48 − 40 + 0)/40 = 20%。加权计算,得出该投资组合的收益率:μ_p = 60% × 10% + 40% × 20% = 14%。

可以看出,两种方法得出的收益率相同。

(二)投资组合的预期收益率

投资组合的预期收益率也是组合中各种资产预期收益率的加权平均值,权重为各资产的投资额占总投资的比例。

以资产 A、B 组成的两资产投资组合为例,i 为某种状态,n 为状态的种类总数,h_i 为状态 i 发生的概率,X_i 为资产在组合中的投资比例,则在第 i 种状态下,投资组合的收益率以公式(4-12)计算所得:

$$r_{pi} = X_A r_{Ai} + X_B r_{Bi} \tag{4-12}$$

结合定义,可以得出投资组合预期收益率可以用公式(4-13)表示:

$$E(r_p) = \sum_{i=1}^{n} h_i (X_A r_{Ai} + X_B r_{Bi}) \tag{4-13}$$

整理可得:

$$E(r_p) = X_A \sum_{i=1}^{n} h_i r_{Ai} + X_B \sum_{i=1}^{n} h_i r_{Bi} = X_A E(r_A) + X_B E(r_B) \tag{4-14}$$

即两种资产投资组合的预期收益率为两种资产预期收益率的加权平均。进一步推广至 n 种资产组成的投资组合,得出投资组合预期收益率的一般公式(4-15):

$$\mu_p = \sum_{i=1}^{n} X_i \mu_i \tag{4-15}$$

式中,μ_p 为投资组合的预期收益率,X_i 为各资产在组合中的投资比例,μ_i 为各资产的预期收益率，n 为组合中资产数。

从公式(4-15)中可以看出，投资组合的预期收益率取决于两个因素：一是组合内各资产的预期收益率，二是组合内各资产的投资比例。

例如，某资产组合中包含 A、B、C 三种资产，资产 A 的投资比例为 40%，资产 B 和资产 C 的投资比例均为 30%。经济情况良好的概率有 60%，在此情况下，资产 A 的收益率为 40%，资产 B 的收益率为 20%，资产 C 的收益率为 30%；而在经济情况不佳的情况下，资产 A 和资产 B 的收益率均为 10%，资产 C 的收益率为 5%。计算可得，资产 A、B、C 的预期收益率分别为 28%、16% 和 20%。具体如表 4.2 所示。

表 4.2　计算投资组合的预期收益率

资产种类	投资比例	经济状况良好时的收益率	经济状况不佳时的收益率	预期收益率
A	40%	40%	10%	28%
B	30%	20%	10%	16%
C	30%	30%	5%	20%

则该投资组合的预期收益率为：

$$\mu_p = X_A \, r_A + X_B \, r_B + X_C \, r_C = 40\% \times 28\% + 30\% \times 16\% + 30\% \times 20\% = 22\%$$

二、投资组合预期收益率的风险

投资组合的风险同样可以用投资组合预期收益率的方差(或标准差)反映，但计算投资组合的风险要比计算单个资产的投资风险复杂。为了计算预期收益率的风险，首先来看资产收益率的协方差(Covariance)，见公式(4-16)。

$$\sigma_{ij} = \sum_{s=1}^{n} [R_i - E(r_i)] [R_j - E(r_j)] h_s \tag{4-16}$$

式中，σ_{ij} 是第 i 种和第 j 种资产预期收益率的协方差，R_i 和 $E(r_i)$ 分别为第 i 项资产在不同情况下的收益率和预期收益率，h_s 是不同情况发生的概率，n 为可能发生的情况数。显然，一个风险资产与无风险资产的协方差为 0，因为无风险资产在何种情形下的收益率都等于预期收益率。另外，由公式(4-16)可知，一个风险资产与自身的协方差为此资产的方差。

以两种资产投资组合为例，r_1 和 r_2 分别为两种资产的收益率，为随机变量，μ_1、σ_1^2 和 μ_2、σ_2^2 分别是两资产对应的预期收益率和方差，资产1的投资比例为 $w(0 < w < 1)$，相应的资产 2 的投资比例为 $1-w$。该投资组合预期收益率的风险 σ_p^2 计算推导过程如下：

$$\sigma_p^2 = E[(r_p - \mu_p)^2] = E[w\,r_1 + (1-w)\,r_2 - w\,\mu_1 - (1-w)\,\mu_2]^2$$

即：

$$\sigma_p^2 = w^2 E[(r_1 - \mu_1)^2] + (1 - w)^2 E[(r_2 - \mu_2)^2] +$$
$$2w(1 - w) E[(r_1 - \mu_1)(r_2 - \mu_2)] \tag{4-17}$$

整理公式(4-17)，可得两种资产投资组合的风险 σ_p^2 计算公式(4-18)：

$$\sigma_p^2 = w^2 \sigma_1^2 + (1 - w)^2 \sigma_2^2 + 2w(1 - w) \sigma_{12} \tag{4-18}$$

可以看到，在投资组合中，投资组合的风险不仅仅受组合内各资产自身的风险以及投资比例影响，还会受组合内资产间相互关系(协方差)的影响。

协方差可以衡量两种资产收益在一个共同投资周期中相互影响的方向，若为正，则代表资产收益率同向变动，为负则是反向变动。

在构造投资组合时，选择资产之间协方差为负的进行组合，使其收益率波动方向相反，可以有效抵消单个资产的收益率波动变化进而降低单个资产的风险。因此，为降低投资组合风险，首先要依据协方差寻找收益率波动相反的资产标的，然后再根据收益率波动性的大小来决定投资比例以期最大限度降低整体投资组合风险。

由于协方差的大小是无限的，理论上变化范围可以从正无穷大到负无穷大。协方差是描述两个变量同向运动还是反向运动的绝对指标，其大小不能直接解释两个变量之间变化趋势关系的强度。例如，A 与 B 的协方差是 2，而 C 与 D 的协方差是 3，这并不能表明 C 与 D 较 A 与 B 的同向运动程度更强，因为协方差的大小还受到变量自身波动(方差或标准差)大小的影响。

因此，进一步引入相关系数(Correlation Coefficient)来反映两种资产间风险的相互关系。相关系数等于两种资产间的协方差除以它们标准差的乘积，是一个相对指标。计算公式(4-19)为：

$$\rho_{ij} = \frac{\sigma_{ij}}{\sigma_i \sigma_j} \tag{4-19}$$

相关系数可以判定两资产收益之间的关联强度，可用于不同资产间相关程度的比较，取值为-1 到+1 之间。相关系数取值为-1，代表两资产的收益率之间存在完全的负线性相关关系，意味着当一个资产的收益率增加时，另一个资产的收益率也会按照固定的比例减少；相关系数为 0，表明这两种资产的收益率之间没有线性关系；相关系数为 1，代表两种资产的收益率之间存在完全的正线性相关关系，意味着当一个资产的收益率增加时，另一个资产的收益率也会按照固定的比例增加。

几种情形可以用图 4.1 来表示。对两种资产 A、B 而言，当 $\rho = +1$ 时，关于资产 A 的利空消息会降低资产 B 的收益率，关于资产 A 的利好消息会提高资产 B 的收益率；$\rho = -1$ 时，关于资产 A 的利空消息会提高资产 B 的收益率，关于资产 A 的利好消息会降低资产 B 的收益率；但当 $\rho = 0$ 时，关于资产 A 的利空或利好消息都不会影响资产 B 的收益率。

明确了协方差和相关系数的定义后，可以将公式中的协方差用相关系数代替，由此公式(4-18)变为公式(4-20)：

$$\sigma_p^2 = w^2 \sigma_1^2 + (1 - w)^2 \sigma_2^2 + 2w(1 - w) \rho_{12} \sigma_1 \sigma_2 \tag{4-20}$$

进一步推导可得出多个资产的投资组合期望收益率的方差(或标准差)的一般表达

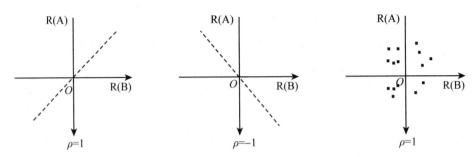

图 4.1　资产 A 和资产 B 收益率的相关性

式，见公式(4-21)：

$$\sigma_p^2 = \sum_{i=1}^{n} X_i^2 \sigma_i^2 + \sum_{i=1}^{n} \sum_{j=1}^{n} X_i X_j \sigma_{ij}(i \neq j) \tag{4-21}$$

且：

$$\sigma_{ij} = \rho_{ij} \sigma_i \sigma_j \tag{4-22}$$

$$\sigma_p = \sqrt{\sigma_p^2} \tag{4-23}$$

公式(4-21)、(4-22) 与(4-23) 中，σ_p^2 为投资组合收益率的方差，σ_p 为投资组合收益率的标准差，σ_i^2 为第 i 种资产收益率的方差，σ_i 为第 i 种资产收益率的标准差，X_i 和 X_j 分别为投资组合中第 i 种和第 j 种资产的投资比例，σ_{ij} 为第 i 种和第 j 种资产之间的协方差，ρ_{ij} 为第 i 种和第 j 种资产之间的相关系数。

根据公式(4-21)，可以发现投资组合的风险将受以下三个因素影响：（1）投资组合中单个资产收益率的风险大小；（2）投资组合中各资产的投资比例；（3）投资组合中各资产收益率之间的相关性(协方差或相关系数)。

因此，如果投资组合中各资产的风险及投资比例既定，投资组合的风险高低就取决于组合中各资产收益率之间的相关系数，组合内各资产收益率的相关系数越大，投资组合收益率的风险就越大，反之亦然。在投资决策时，应尽可能地选择收益率彼此相关系数低的资产构建投资组合。

三、相关系数对投资组合风险的影响

结合公式(4-15) 和(4-18)，可以发现，如果资产组合的收益率确定，依据主宰法则，实现风险最小化，即寻找 $\min \sigma_p^2$ 的情况下两种资产的投资比例 W 和 $1 - W$。将 σ_p^2 对 W 求导，使其等于 0，解得能够实现最小化风险的投资比例为 $W^* = \dfrac{\sigma_2^2 - \sigma_{12}}{\sigma_1^2 + \sigma_2^2 - 2\sigma_{12}}$。求导过程如下：

$$\frac{\mathrm{d}\sigma_p^2}{\mathrm{d}W} = 2W\sigma_1^2 - 2\sigma_2^2 + 2W\sigma_2^2 + 2\sigma_{12} - 4W\sigma_{12} = 0 \rightarrow W^*$$

$$= \frac{\sigma_2^2 - \sigma_{12}}{\sigma_1^2 + \sigma_2^2 - 2\sigma_{12}}$$

当$\rho_{12} = 1(\sigma_{12} = \sigma_1\sigma_2)$时，两种资产的收益完全正相关，说明两种风险资产的本质是相同的，将权重代入组合的预期收益率方程，会显示组合的预期收益率与风险呈线性关系，这表明分散投资无法带来收益的增加。投资组合的标准差σ_p和最小化风险的投资比例W^*表达式分别为：

$$\sigma_p = W\sigma_1 + (1 - W)\sigma_2 \tag{4-24}$$

$$W^* = \frac{\sigma_2}{\sigma_2 - \sigma_1} \tag{4-25}$$

因此，可以得出：在两种资产的投资组合中，$\rho_{12} = 1$时，资产组合预期收益率标准差等于单个资产预期收益率标准差的加权平均。（假定$\sigma_1 < \sigma_2$）最优投资比例下，低风险资产也即资产1的投资比例将大于1，高风险资产也即资产2的比例将小于0，而投资组合的标准差为0，这是通过投资者卖空高风险资产并买进低风险资产实现的。

当$\rho_{12} = -1(\sigma_{12} = -\sigma_1\sigma_2)$时，两种资产的收益率完全负相关，分散投资可以使投资组合风险降低。在这种情况下，投资组合的标准差σ_p和最小化风险的投资比例W^*表达式分别为：

$$\sigma_p = \pm(W\sigma_1 - (1 - W)\sigma_2) = |W\sigma_1 - (1 - W)\sigma_2| \tag{4-26}$$

$$W^* = \frac{\sigma_2}{\sigma_2 + \sigma_1} \tag{4-27}$$

将公式(4-27)代入公式(4-26)中可以发现，这种情况下的投资组合收益率的标准差为0，相当于构造了一个无风险资产组合。

因此，可以得出：在两种资产的投资组合中，$\rho_{12} = -1$时，最小化风险的投资比例$W^* = \dfrac{\sigma_2}{\sigma_2 + \sigma_1}$可以使得$\sigma_p = 0$，即理论上实现无风险投资。

当$-1 < \rho_{12} < 1$时，投资组合的标准差σ_p和最小化风险的投资比例W^*表达式分别为：

$$\sigma_p = \sqrt{W^2\sigma_1^2 + (1 - W)^2\sigma_2^2 + 2W(1 - W)\sigma_{12}} \tag{4-28}$$

$$W^* = \frac{\sigma_1^2 - \sigma_{12}}{\sigma_1^2 + \sigma_2^2 - 2\sigma_{12}} \tag{4-29}$$

在这种情况下，有$\sigma_p < W\sigma_1 + (1 - W)\sigma_2$。也就是说，只要相关系数小于1（不完全正相关），两种证券投资组合的风险就始终小于两种证券风险的加权平均，通过证券组合，可以降低投资风险。

特别的，当$\rho_{12} = 0$时，两种资产的收益率完全不相关，在这种情况下，最小化风险的投资组合的标准差σ_p和最小化风险的投资比例W^*表达式分别为：

$$W^* = \frac{\sigma_1^2 - \sigma_{12}}{\sigma_1^2 + \sigma_2^2 - 2\sigma_{12}} = \frac{\sigma_1^2}{\sigma_1^2 + \sigma_2^2} \tag{4-30}$$

$$\sigma_p = \sqrt{w^2\sigma_1^2 + (1 - W)^2\sigma_2^2} \tag{4-31}$$

图4.2反映的是不同相关系数水平下的投资组合对应的预期收益率与风险，其中点A和点B分别反映单一资产的预期收益率与风险，对应坐标为(r_1, σ_1)和(r_2, σ_2)。据

图 4.2 可以发现，当 $\rho_{12} = 1$ 时，投资组合的预期收益率及风险反映为点 B 至点 A 的直线线段。但假定两者的相关系数逐渐减小，投资组合的预期收益率及其风险反映为从点 B 凸向 Y 轴一定程度后再折往点 A 的曲线，其中以 $\rho_{12} = -1$ 时弯曲程度最大，这表明在特定的投资比例下，相关系数越小，风险降低的程度就越大。

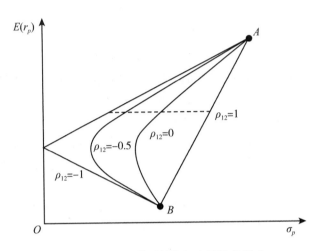

图 4.2　相关系数对投资组合风险的影响

综合公式 (4-20) 以及图 4.2，可以得出：当两种资产相关性和投资比例固定时，投资组合的收益率及其风险也固定，反映为图上的一个点；当两种资产相关性固定而投资比例不固定时，投资组合的收益率及其风险均会发生变动，变动轨迹为一条线；当两种资产相关性不固定而投资比例固定时，投资组合的收益率因投资比例固定而固定，但风险却受相关性影响而不同，相关系数越低，风险越小，反映为图 4-2 中与横轴平行的虚线。

四、组合内资产数量对投资组合风险的影响

从公式 (4-21) 可以看出，投资组合内资产数量一定时，影响投资组合风险的因素为组合内各资产的风险、投资比例以及各资产收益率之间的相关系数。当投资组合内各资产的风险及投资比例既定时，投资组合风险的高低取决于各资产之间的相关系数，相关系数越小，投资组合的风险也就越小。事实上，当组合内资产数量增加时投资组合的风险也会进一步降低。

假定投资组合中各资产投资比例相同，那么对应的投资组合风险为：

$$\sigma_p^2 = \sum_{i=1}^{n} X_i^2 \sigma_i^2 + \sum_{\substack{i=1 \\ i \neq j}}^{n} \sum_{j=1}^{n} X_i X_j \sigma_{ij} = \sum_{i=1}^{n} \left(\frac{1}{n} \right)^2 \sigma_i^2 + \sum_{\substack{i=1 \\ i \neq j}}^{n} \sum_{j=1}^{n} \left(\frac{1}{n} \right)^2 \sigma_{ij} (\sigma_{ii} = \sigma_i^2)$$

$$(4-32)$$

如果定义资产的平均方差和平均协方差为：

$$\overline{\sigma^2} = \frac{1}{n} \sum_{i=1}^{n} \sigma_i^2 \tag{4-33}$$

$$\overline{\sigma_{ij}} = \frac{1}{n(n-1)} \sum_{\substack{i=1 \\ i \neq j}}^{n} \sum_{j=1}^{n} \sigma_{ij} \tag{4-34}$$

投资组合的方差则可改写为：

$$\sigma_p^2 = \frac{1}{n} \overline{\sigma^2} + \frac{n-1}{n} \overline{\sigma_{ij}} \tag{4-35}$$

根据上式，若令组合内每一种资产的风险即收益率标准差均为10%，且各资产的收益率均不存在相关性，则当 $n=2$ 时的投资组合风险为 7.1%，$n=4$ 时的投资组合风险为 5%，$n=8$ 时投资组合风险为 3.5%……以此类推。可以发现，当资产数量增多，投资组合的风险也将下降，但风险下降的程度逐渐递减。

组合内资产数量越多，增加资产数量对降低组合风险的贡献越小。当 n 趋于无穷大时，$\overline{\sigma^2}$ 将无限趋近于0，最终投资组合的风险也将无限趋近于投资组合内资产的平均协方差 $\overline{\sigma_{ij}}$。这一部分可以通过资产组合分散的风险为非系统性风险，可量化表示为 $\frac{1}{n} \overline{\sigma^2}$，这也是投资组合能分散风险的极限，而无法通过资产组合分散的风险为系统性风险，可量化表示为 $\frac{n-1}{n} \overline{\sigma_{ij}}$。如图 4.3 所示。

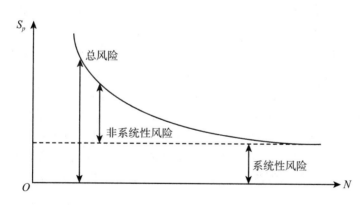

图 4.3　投资组合对风险的分散效果

综合以上可以发现，如果组合内各资产间的相关系数以及各自的标准差既定，如果要进一步降低组合风险可以通过增加资产数量来实现。

五、有效的投资组合及效率边界

(一) 有效的投资组合

依据风险厌恶的假定，投资者会按照主宰法则选择投资组合，即在同一风险水平下，选择预期收益率最高的投资组合；或在同一收益率水平，选择风险水平最低的组合。这种按照主宰法则决定的投资组合为有效率投资组合。

以两资产投资组合为例，见图4.4。图中 A、B 点分别表示单个资产 A 和资产 B 对应的风险以及预期收益率，从 A 到 B 的曲线变化反映的就是资产 A 的投资比例从 100% 逐渐减少至 0 或资产 B 的投资比例从 0 逐渐增加至 100% 的过程，曲线上每一点都代表资产 A 与资产 B 按不同投资比例构造的投资组合所对应的风险以及预期收益率。

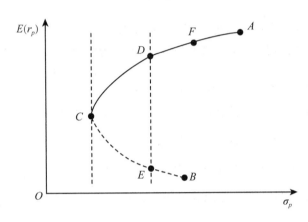

图 4.4　两资产投资组合的有效边界

在投资比例的变化过程中，有一个特定投资比例使投资组合的风险最小，即点 C 代表的投资组合，点 C 也是唯一的垂线切点。在 CA 段，所有的投资组合都是有效的，而在 CB 段，所有的投资组合都是无效的。因为 CB 段上的任何一点，比如 E 点，通过 E 点作横轴的垂线交于 D 点，D 点与 E 点的风险相同，但 D 点的预期收益率高于 E 点，依据主宰法则，E 点是无效的组合。E 点无效指的是投资比例无效，不应该用这个的比例在资产 A 与资产 B 之间分配资金，通过调整投资比例，可以使投资组合的风险不变，但预期收益率增加，即从 E 变为 D。显然，在 CA 段，投资组合随着风险的增加预期收益率也增加，体现了高风险高收益的原则，而在 CB 段，投资组合随着风险的增加预期收益率降低，违背了高风险高收益的原则。从这个角度也可以得出，CB 段上的所有投资组合是无效的。

对有效的投资组合应如何选择取决于投资者自身对于收益和风险的偏好。例如图中点 D 和点 F 都是有效的，在客观上没有优劣之分，但在主观上，不同的投资者往往有不同的选择，选择 D 组合的投资者相对于选择 F 组合的投资者风险厌恶更高。

(二)效率边界

前面介绍了存在两种风险资产时最优资产组合的构造方式及选择，这种方法也可以推广到存在多种资产的情形下，显然，随着资产数目的增加，组合方式会变得更为多样，就会由两种资产组合的一条线变为一个面。马科维茨在 1952 年发表的论文《资产组合选择》中指出，如果一个投资组合在所有与期望收益率相同的投资组合中拥有最小的方差，那么，这个投资组合就被称边界投资组合（Frontier Portfolio）。所有边界投资组合组成的投资组合集构成了投资组合的效率边界（Efficient Frontier）。

如图4.5所示，图中每一点都代表一个投资组合对应的风险以及期望收益率。例如图中点7与点8相比，点7的风险更低但期望收益率更高，因此点7是更好的投资组合。横向比较可以发现，在相同的期望收益率水平下的点2、点6和点9中点2是风险最低的投资组合，因此点2是一个有效组合。纵向比较，同等风险水平下的点4、点6和点3，则是点4为预期收益率最高的投资组合，因此点4也是一个有效组合。以此类推，点1、点4、点5、点2等均为有效组合，连线构成该投资组合的效率边界。而在效率边界右下方的投资组合，如点3、点7等均为无效组合。

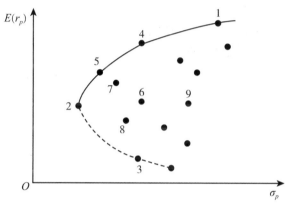

图4.5 效率边界

显然，投资组合的效率边界是在投资组合可行集中每一风险水平下最优投资组合的集合，因此，最优投资组合的选择就变成了寻求投资组合边界的过程。因为一旦投资组合的效率边界确定，投资者就会依据自身关于收益与风险的偏好在效率边界上选择对于自身效用最大化的投资组合。为了寻求投资组合的效率边界，马科维茨对证券市场和投资者的行为特征主要有如下假设：（1）市场是完全有效的，所有资产都是可分的；（2）投资者都是理性的并均为风险厌恶者；（3）投资收益具有不确定性，且服从正态分布；（4）投资者只根据证券的收益和风险来选择自己满意的投资组合；（5）投资者都遵循主宰法则（Dominance Rule），即在相同风险条件下追求收益最大化，相同收益条件下追求风险最小化；（6）证券收益之间具有相关性，证券组合降低风险的程度和组合证券的相关性和数目相关。

效率边界的存在是假定各种风险资产及其组合具有客观的预期收益率与风险，即各种资产或组合在预期收益率和风险构成的平面坐标内能够找到特定的位置。但是在现实中，各种资产的预期收益率进而风险对于不同的投资者而言是不同的，从而收益率的相关系数在不同的投资者眼中也会存在差异，所以，对于不同的投资者而言，各种资产及投资组合在坐标平面内的位置是不同的。同理，从历史的信息判断各资产的平均收益率与风险及资产间收益率的关系，也会因为时间窗口的不同而不同。因此，一旦资产自身的收益率与风险及资产间收益率的关系不客观，那么，投资组合的效率边界也就不具备客观性，依据此理论指导投资实践的科学性就会大大降低。

☞ **思考题**

1. 说明用算术平均法与几何平均法计算收益率的差异及各自的适用性。
2. 保证预期收益率计算结果科学性的关键因素是什么？
3. 什么是主宰法则？说明这一法则在投资理论中的意义。
4. 说明标准差与变异系数的区别与联系。
5. 两种资产构造的投资组合，其风险为零的条件是什么？
6. 非有效投资组合产生的原因是什么？
7. 简述马科维茨推导效率边界的前提条件。
8. 简述效率边界的内涵及适用性。

第五章　资本资产定价模型

马科维茨的资产组合选择理论在均值—方差框架下考察了投资者对风险资产组合的选择过程，然而，这一理论的前提是金融资产的预期收益率已知。本章首先介绍了投资者的无差异曲线，然后，分析了在不同假定下的投资者选择，引出了机会线与资本市场线，并通过资本市场线推导出证券市场线，从而得出金融资产预期收益率的决定因素，即资本资产定价模型。最后，说明了资本资产定价模型的理论内涵及局限性。

第一节　无差异曲线

一、从消费者的无差异曲线到投资者的无差异曲线

微观经济学的消费者均衡理论表明，均衡的消费量由消费者的无差异曲线与其最大选择集(预算线)共同决定。在平面坐标中，如果用 X、Y 轴分别代表了消费者对 X 与 Y 两种商品的消费数量，无差异曲线是给消费者带来相同效用的 X 商品与 Y 商品数量组合的轨迹，同一条无差异曲线上各种不同数量的 X 与 Y 的组合对消费者来说是相同的，从而无差异曲线也被称为等优曲线。

借用消费者均衡的思想，投资者均衡理论也是由投资者的无差异曲线及其最大选择集共同决定。在消费者均衡理论中，预算线的位置与消费者的收入有关，即不同收入的消费者面临不同的预算线。消费者收入越高，预算线离原点越远。而在投资者均衡理论中，所有投资者面临的预算线(选择集)是相同的，与投资者的投资金额无关。这是因为，描述金融资产收益的变量是预期收益率而不是预期收益，从而是一个相对指标，相应地，金融资产风险也是其收益率而不是收益的方差(标准差)。在这种情况下，所有投资者面临的预算线(选择集)是相同的，具有客观性。当然，在投资者均衡理论中，选择集的名称发生了改变，由预算线变为资本市场线。为了求得投资者均衡，一是要知道投资者关于收益率与风险的无差异曲线，对于每个投资者而言，各自的无差异曲线具有主观性；二是要知道投资者面临的选择集(资本市场线)，所有投资者面临的资本市场线是相同的，具有客观性。

二、投资者的效用函数

投资者关于收益与风险，常用的函数形式如下：

$$U = E(r) - \frac{1}{2}A\,\sigma^2 \tag{5-1}$$

其中 $E(r)$ 表示预期收益率，σ 表示收益率的标准差，A 是投资者的风险态度指数。

如果 $A < 0$，这类投资者被称为风险爱好者。风险爱好者更愿意承担风险，风险增加，其效用水平也会增加。结合消费者的行为，如果某种商品的数量增加，消费者的效用也随之增加，那么，这种商品的价格为正，即消费者愿意为此商品付费。从投资者的角度看，投资者如果愿意承担风险，那么，风险具有"正价格"，投资者愿意放弃一定的收益率来换取风险。

如果 $A = 0$，被称为风险中性者。投资者的效用水平只取决于预期收益率，与风险的大小无关。也就是说，在投资者看来，风险具有"零价格"，投资者不愿意放弃一定的收益率来换取风险。

如果 $A > 0$，这类投资者称为风险厌恶者。风险厌恶者不愿意承担风险，风险增加，其效用水平降低，即风险具有"负价格"。也就是说，如果想让投资者承担风险，必须给予投资者更高的收益率，才能保持效用水平不变。结合现实，在分析投资者行为时，一般假定投资者是风险厌恶者，其行为特征遵循主宰法则，即追求既定预期收益率下风险最小的资产。

三、投资者无差异曲线的类型

风险爱好型投资者由于愿意承担风险，从而愿意为风险付出"价格"。因此，这类投资者的无差异曲线是一条向右下方倾斜的曲线，并且离原点越远的无差异曲线代表的效用水平越高，如图 5.1 所示。

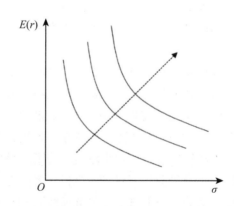

图 5.1　风险爱好型投资者无差异曲线

风险中性型的投资者只在意预期投资收益率，不在意风险的大小。也就是说，风险的大小不会影响投资者的效用，从而投资者也不愿意为风险付出"价格"，在这种情况下，无差异曲线是一条平行线，如图 5.2 所示。

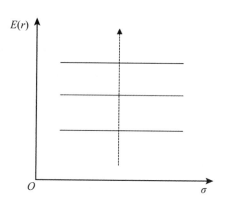

图 5.2　风险中性型投资者无差异曲线

风险厌恶型的投资者不愿意承担风险，认为风险带来的效用为负，除非有更高的收益率才愿意承担风险。也就是说，在风险厌恶型的投资者眼中，风险具有"负价格"。因此，风险厌恶型投资者的无差异曲线呈现出向右上方倾斜的特征。如图 5.3 所示。

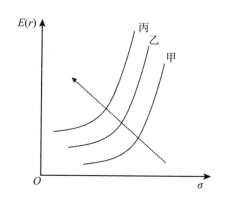

图 5.3　风险厌恶型投资者无差异曲线

风险厌恶型投资者的无差异曲线具有以下特征。

第一，无差异曲线向右上方倾斜。这表明，随着风险的增加，预期收益率也要增加，以保持效用水平不变。

第二，无差异曲线是向右下方凸出的。随着投资者承担的风险增加，增加等量风险要求增加的预期收益率越来越大，这表明，随着风险的增加，投资者的风险厌恶程度越来越大，从而需要的补偿也越来越大。

第三，离原点越远或更高的无差异曲线给投资者带来的效用水平越高。如图 5.1 所示，对于不同位置的无差异曲线，当风险既定时，离原点越远的无差异曲线预期收益率越大；当预期收益率既定时，离原点越远的无差异曲线风险越小。因此，无论从风险还是预期收益率出发，都可以得出离原点越远的无差异曲线给投资者带来的效用水平越高。

第四，两条无差异曲线不能相交。如图 5.4 所示，假设投资者的两条无差异曲线甲、乙相交于 X 点。由于 A 点和 X 点都在甲上，因此 X 和 A 的效用相同。同样的，由于 B 点和 X 点都在乙上，因此 X 和 B 的效用水平相同。但是从图中可以明显观察到 B 点的风险小于 A 点且收益高于 A 点，则 B 点的效用应该高于 A 点，这与 A、B 效用相同的推论矛盾，所以无差异曲线不可能相交。

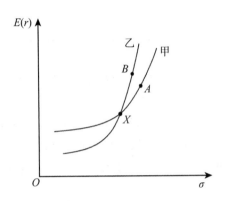

图 5.4　两条无差异曲线不能相交

第五，无差异曲线越陡峭（斜率越大），则风险厌恶程度越高。如图 5.5 所示，甲乙两个投资者的无差异曲线交于 X 点，当面对既定的风险增加 $\Delta\sigma$ 时，乙投资者要求的预期收益率增加 $\Delta E(r_b)$，大于甲投资者要求的预期收益率 $\Delta E(r_a)$，或面对既定的预期收益率增加时，乙投资者愿意承担的增量风险较小。这都可以表明，乙投资者的风险厌恶程度更大。

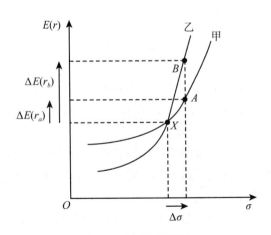

图 5.5　风险厌恶程度

第二节 资本市场线

在确定了投资者的无差异曲线之后，必须还要知道投资者面临的选择集，才可以求解出投资者的均衡，即投资者应如何实现效用最大化。沿着不断放宽假定的思路来探讨投资者的选择集：首先，假定只存在一种风险资产，此时，选择集为一个点；其次，引入无风险资产，即允许借贷，此时，选择集为一条线，又称为机会线；最后，假定存在多种风险资产，此时，选择集为斜率最大的机会线，即资本市场线。

一、机会线

如果现实中只存在一种风险资产 i，那么，经过这一资产的无差异曲线便是投资者能达到的最大效用水平，因为代表更高效用水平的无差异曲线上不存在资产，见图 5.6。

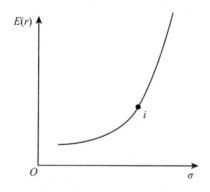

图 5.6　只存在一种风险资产的情形

如果现实中存在能够产生无风险利率的资产，即无风险资产（Risk-free Asset），将会使投资者的选择范围扩大，比如，投资者可以借入资金，从而增加对风险资产的投资，即风险资产的投资比例大于 1；也可以将一部分资金借出，只将剩余的资金投资风险资产，即风险资产的投资比例小于 1。引入无风险资产后，投资者的选择集便从原来的一个点变成了一条线，这条线被称为机会线，表明投资者的选择机会在这条线上。

机会线的推导过程如下：

假设现实中只有一种风险资产，用 A 表示，预期收益为 $E(r_a)$，标准差为 σ_a。除了 A 之外，投资者还可以无风险利率 r_f 进行借贷，若投资者以 w_r 作为投资组合中无风险资产的投资权重，则资产 A 和无风险资产形成的资产组合 P 的收益率 r_p 为：

$$r_p = w_r r_f + (1 - w_r) r_a \tag{5-2}$$

资产组合 P 预期收益率为：

$$E(r_p) = w_r r_f + (1 - w_r) E(r_a) \tag{5-3}$$

r_p 的方差：

$$\sigma_p^2 = w_r^2 \sigma_r^2 + (1 - w_r)^2 \sigma_a^2 + 2 w_r (1 - w_r) \sigma_{r,a} = (1 - w_r)^2 \sigma_a^2 \tag{5-4}$$

对等式两边取平方根，得到 r_p 标准差：

$$\sigma_p = (1 - w_r) \sigma_a \tag{5-5}$$

$$w_r = 1 - \frac{\sigma_p}{\sigma_a} \tag{5-6}$$

将公式(5-6)代入公式(5-3)并进行整理，可得：

$$E(r_p) = r_f + \frac{E(r_a) - r_f}{\sigma_a} \sigma_p \tag{5-7}$$

公式(5-7)便是机会线的表达式，如图 5.7 所示，预期收益率与风险之间呈线性关系，这条线被称为机会线，即只有一种风险资产且存在无风险资产时投资者的选择集。

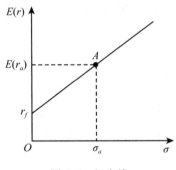

图 5.7　机会线

机会线有以下几个特点：

(1)机会线的截距为 r_f，因此，如果一个投资者想要一个零风险的投资组合($\sigma_p = 0$)，那么回报将是 r_f，这个结果只需通过 100% 投资于无风险资产($w_r = 1$)就可以实现。

(2)机会线斜率为 $\dfrac{E(r_a) - r_f}{\sigma_a}$，其中 $E(r_a)$ 和 σ_a 分别为风险投资组合 A 的预期收益率和标准差。显然，投资组合的预期收益率越高或投资组合的标准差越低，斜率越大。

(3)如果选择风险程度等于 σ_a(即 $\sigma_p = \sigma_a$)，那么获得的预期收益率为 $E(r_P) = E(r_a)$。在这种情况下，投资组合的均值为 $E(r_a)$，风险为 σ_a，此时，投资者既没有借入资金也没有借出资金，即自有资金全部购买了风险资产 A。

(4)在 $r_f A$ 上的投资组合是通过借出(投资于无风险资产)部分资金(即 $0 < w_r < 1$)，并将剩余资金或自有资金的 $(1 - w_r)$ 投资于资产 A。此时，投资组合的预期收益率将小于 $E(r_a)$。另外，标准差 $(1 - w_r) \sigma_a$ 也小于 σ_a。因此，通过投资无风险资产降低了预期收益率，同时也降低了风险。

(5)投资者可以通过借入资金($w_r < 0$，$1 - w_r > 1$)，并加上自有资金投资于风险资产 A。此时，投资选择落在 A 点右侧，从而具有相对较高的预期收益率和风险。

显然，如果没有无风险资产，只有资产 A 是可选择的，一旦引入无风险资产，所有位于机会线上的资产都是可以选择的，即引入无风险资产，投资者的选择范围从一个 A 点扩展到一条线。风险厌恶程度低的投资者会借入资金投资于风险资产 A，风险厌恶程度高的投资者则会以无风险利率借出一部分资金，即一部分资金投资于无风险资产，剩余部分投资于风险资产 A。

图 5.8 说明了三种类型投资者的选择。一是作为资金借出方的甲投资者在 A 点左下方进行投资，相较于只存在风险资产 A 时，此时的均衡点由 A 点变为 L 点，代表效用水平的无差异曲线也由甲变为甲′，效用水平上升；二是作为资金借入方的乙投资者在 A 点右上方进行投资，相较于只存在风险资产 A 时，此时的均衡点由 A 点变为 H 点，代表效用水平的无差异曲线也由乙变为乙′，效用水平上升；三是全部用自有资金投资资产 A 的丙投资者，将自己选择限制在 A 点。可以看出，除非投资者的无差异曲线在 A 点相切，否则通过借贷可以获得更高的效用。这表明，无风险资产的引入，相当于扩大了投资者的选择范围(允许借贷)，一般而言，选择范围越大，经济主体可以达到的效用水平越高。

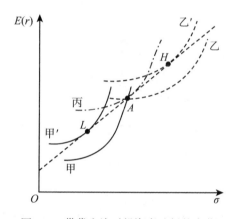

图 5.8 借贷允许时投资者选择的变化

投资者通过借入资金购买风险资产的行为被称为杠杆操作。杠杆操作在放大收益率的同时，相应地也会放大风险。例如，A 资产的收益率分布为，投资 A 资产有 50% 的概率获得 20% 的收益率，有 50% 的概率获得 0% 的收益率，无风险利率为 5%，假如投资者有自有资金 100 万元，又借入资金 100 万元，可以算出组合后的收益率与风险，收益率与风险都增加，见表 5.1。

表 5.1 组合前后收益率及风险表

	$E(r)$	σ
组合前	10%	10%
组合后	15%	20%

其实质是，当实际收益率高于借贷利率时，杠杆操作起到了放大收益的作用，当实际收益率小于借贷利率时，杠杆操作则起到了放大亏损的作用。值得注意的是，实际收益率一定是可能高于也可能低于借贷利率，否则市场将无法均衡。

二、从机会线到资本市场线

机会线是在假定只有一种风险资产并存在无风险资产的情形下得出的，但现实中存在很多风险资产以及这些资产以不同形式构成的风险资产组合。由此，从无风险资产出发，与这些风险资产或资产组合相连，便可以得出多条机会线，如图 5.9 所示，其中，无风险利率与资产组合 M 相连是斜率最大的机会线，这条线被称为资本市场线(Capital Market Line，CML)。

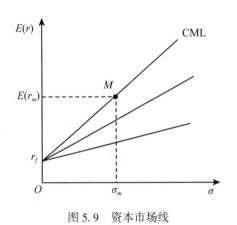

图 5.9　资本市场线

资本市场线的截距为 r_f，斜率为 $\dfrac{E(r_m) - r_f}{\sigma_m}$。由于资本市场线斜率最大，从而对于投资者而言，一定会选择其无差异曲线与资本市场线切点所对应的风险资产，因为只有资本市场线才能实现与更高的无差异曲线相切，斜率小于资本市场线的机会线上的风险资产对于投资者来讲是无效的。

因此，任何投资者只要投资风险资产就一定会选择资产组合 M，投资收益率及风险的调整依赖于资产组合 M 与无风险资产的投资比例的改变。这个资产组合 M 被称为市场组合，市场组合一定包括了市场上所有的股票。这是因为，如果投资者持有的最优资产组合中不包括某只股票 X，意味着市场中所有投资者对该股票的需求为零，该股票的价格将会下跌。当股票价格变得异常低廉时，它对投资者的吸引力就会相当大，价格的动态调整使投资者最终会将该股票吸纳入市场组合。

另外，当把所有个人投资者的资产组合加总时，借与贷将相互抵消，加总的风险资产组合的价值等于总市值。其中，每只股票在该组合中的比例等于该股票的市值占所有股票市值的比例。因而，市场组合是由所有风险证券组成的证券组合，在这个证券组合中，每种风险证券的投资比重等于它的相对市场价值。每一种风险证券的相对市场价值等于这种风险证券的总市场价值除以所有风险证券的总市场价值。显然，投资市场组合 M 相当于投资股票指数。

三、分离定理

CML 的实质就是在允许无风险借贷下新的有效边界，它反映了当资本市场达到均衡时，所有有效组合的预期收益和风险的关系。位于 CML 上的组合提供了最高单位的风险回报率。CML 指出了用标准差表示的有效投资组合的风险与回报率之间的关系是一种线性关系。

以通过无风险资产借贷资金的可能性，可以将投资过程分成两个步骤：

第一步，确定市场组合 M。它是所有风险资产按一定比例构成的资产组合，市场组合 M 与无风险资产的连线构成了斜率最大的机会线，即资本市场线。对任何投资者而言，CML 都是唯一的，也是最有效的。

第二步，风险承受能力不同的投资者会在 CML 上选择不同的资产组合。如图 5.10 所示，风险承受能力低的投资者甲通过借出资金在 CML 左下方选择自己的资产组合，如 L 点；风险承受能力强的投资者乙通过借入资金在 CML 的右上方选择自己的资产组合，如 H 点。

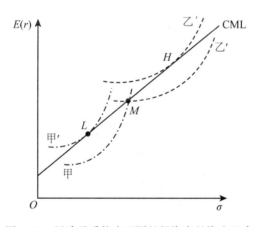

图 5.10　风险承受能力不同的投资者的资产组合

第一个步骤对所有投资者来说是客观的和共同的。第二个步骤则有主观性，由投资者的偏好决定。把投资过程划分为两个步骤，被称为分离特性（Separation Property）或分离定理（Separation Theorem）。

分离定理提供了一种投资策略，从另外一个角度描述了投资收益与风险的线性关系。一般而言，不同的投资有不同的收益与风险在于投资标的的差异，比如购买的是稳健型还是激进型股票。但在这个理论中，风险资产是唯一的，都是市场组合 M 或指数，投资收益率与风险取决于投资比例，即多大的资金比例投资于市场组合 M，因而，这种投资策略是基于投资比例而不是投资标的的调整来实现预期收益率与风险的最优匹配。

第三节　证券市场线

根据均值方差标准，CML 上的所有投资组合都是有效的，而所有其他投资组合(和单个资产)都是低效的。但 CML 所反映的收益与风险的线性关系只适用于由无风险资产和市场组合 M 组成的有效投资组合，即 CML 描述了有效投资组合如何按其风险的大小均衡地被定价。但是，CML 提供的定价关系不适合单个证券和无效组合。因此，必须寻求市场均衡时任何单个证券或组合的收益与风险之间关系的模型。

一、证券市场线的推导

假设我们要建立由一个风险资产 i 和市场组合 M 构成的新组合 P，用 w_i 表示风险证券 i 在组合中所占的比例，则新组合 P 的预期收益和标准差的计算公式为：

$$E(r_p) = w_i E(r_i) + (1 - w_i) E(r_m) \tag{5-8}$$

$$\sigma_p = \left[w_i^2 \sigma_i^2 + (1 - w_i)^2 \sigma_m^2 + 2 w_i (1 - w_i) \sigma_{im} \right]^{\frac{1}{2}} \tag{5-9}$$

显然，在允许卖空的条件下，资产 i 与 M 的有效资产组合的集合应在 iMg 线上。如图 5.11，与 iMg 相切的资本市场线与前文推导的资本市场线是重叠的，两者的斜率相同，即

$$\frac{\partial E(r_p)}{\partial \sigma_p} = \frac{\partial E(r_p)/\partial w_i}{\partial \sigma_p/\partial w_i} = \frac{E(r_m) - r_f}{\sigma_m} \tag{5-10}$$

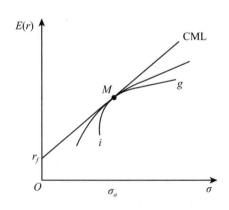

图 5.11　证券市场线推导

从风险资产 i 和市场组合 M 经过再组合后形成的新组合 P 的预期收益和标准差的计算公式可推导出：

$$\frac{\partial E(r_p)/\partial w_i}{\partial \sigma_p/\partial w_i} = \frac{E(r_i) - E(r_m)}{w_i \sigma_i^2 - \sigma_m^2 + w_i \sigma_m^2 + (1 - 2 w_i) \sigma_{im}} \sigma_p = \frac{E(r_m) - r_f}{\sigma_m} \tag{5-11}$$

由于在切点 M 处，$w_i = 0$，$\sigma_p = \sigma_m$，所以上式变为：

$$\frac{E(r_i) - E(r_m)}{(1 - 2w_i)\sigma_{im} - \sigma_m^2}\sigma_m = \frac{E(r_m) - r_f}{\sigma_m} \tag{5-12}$$

变形可得：

$$E(r_i) = r_f + [E(r_m) - r_f]\frac{\sigma_{im}}{\sigma_m^2} = r_f + [E(r_m) - r_f]\beta_i \tag{5-13}$$

这便是传统 CAPM 的最普通形式。

公式(5-13)意味着当资本市场处于均衡状态时，任何一种资产(包括风险资产和无风险资产)的预期收益与其承担的系统风险 β 之间呈线性关系。把这一线性关系表示在以预期收益和 β 值为坐标轴的坐标平面上，就是一条以 r_f 为起点的射线，见图 5.12，这条射线被称为证券市场线(Securities Market Line，SML)。由于 β 值是资产的市场风险程度的一个测度指标，所以 SML 反映了资产的市场风险与其预期收益之间的关系，斜率为 $E(r_m) - r_f$(即市场组合或单位系统风险的风险溢价)，横轴为 β。这一线性关系适用于所有风险资产的收益—风险关系的说明。

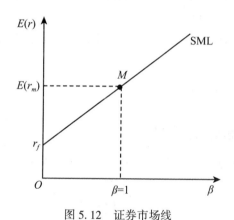

图 5.12　证券市场线

二、市场组合的预期收益率与风险

设用 r_m 表示市场组合 M 的收益率，用 r_i 表示某种风险证券 i 的收益率，用 w_i 表示风险证券 i 在市场组合 M 中所占的比例，用 σ_{im} 表示不同证券与市场组合之间的协方差，则市场组合的预期收益率为：

$$E(r_m) = \sum_{i=1}^{n} w_i E(r_i) \tag{5-14}$$

由此可得市场组合的风险：

$$\sigma_m^2 = \sum_{i=1}^{n}\sum_{j=1}^{n} w_i w_j \sigma_{ij} = \sum_{i=1}^{n} w_i \sum_{j=1}^{n} w_j \sigma_{ij} = w_1 \sum_{j=1}^{n} w_j \sigma_{1j} +$$
$$w_2 \sum_{j=1}^{n} w_j \sigma_{2j} + \cdots + w_n \sum_{j=1}^{n} w_j \sigma_{nj} \tag{5-15}$$

其中：

$$\sum_{i=1}^{n} w_i \sum_{i=1}^{n} w_j \sigma_{ij} = \sum_{i=1}^{n} w_i \text{Cov}(R_i, R_j)$$
$$= \text{Cov}(R_i, w_1 R_1) + \text{Cov}(R_i, w_2 R_2) + \cdots + \text{Cov}(R_i, w_n R_n)$$
$$= \text{Cov}(R_i, w_1 R_1 + w_2 R_2 + w_n R_n) = \text{Cov}(R_i, R_m) = \sigma_{im} \qquad (5\text{-}16)$$

故有:

$$\sigma_m^2 = w_1 \sigma_{1m} + w_2 \sigma_{2m} + \cdots + w_n \sigma_{nm} \qquad (5\text{-}17)$$

公式(5-17)表明,市场组合的方差 σ_m^2 等于所有证券与市场组合的协方差的加权平均数,其权数等于各种证券在市场组合中的比例。组合中每一证券对市场组合方差的贡献依赖于其与市场证券组合的协方差,而不是各种证券自身的总风险(以方差或标准差衡量),即:

$$\beta_m = 1 = w_1 \beta_1 + w_2 \beta_2 + \cdots + w_n \beta_n \qquad (5\text{-}18)$$

由以上推导可知:

(1)市场组合的预期收益率是各种证券预期收益率的加权平均数;

(2)市场组合的方差是各种证券与市场组合的协方差的加权平均数,权数都等于各种证券在市场组合中的投资比例;

(3)当市场均衡时,衡量单个证券风险的正确量应是它与市场证券组合的协方差,而非它的标准差。

三、证券市场线的含义

(一)每种资产的收益风险比率相同

在 CAPM 的均衡状态下,对于风险资产 i 和市场组合 M,有

$$\sum_{i=1}^{N} w_i [E(r_i) - r_f] = \sum_{i=1}^{N} w_i \beta_i [E(r_m) - r_f] \qquad (5\text{-}19)$$

$$\sigma_m^2 = \text{Cov}(\sum_{i=1}^{N} w_i r_i, r_m) = \sum_{i=1}^{N} w_i \text{Cov}(r_i, r_m) \qquad (5\text{-}20)$$

显然, $w_i [E(r_i) - r_f]$ 可以表示第 i 种风险资产对市场组合的风险溢价的贡献; $w_i \text{Cov}(r_i, r_m)$ 表示第 i 种风险资产对市场组合方差的贡献。

由此可以得到第 i 种风险资产的收益风险比率:

$$\frac{第 i 种风险资产对风险溢价的贡献}{第 i 种风险资产对方差的贡献} = \frac{w_i [E(r_i) - r_f]}{w_i \text{Cov}(r_i, r_m)} = \frac{E(r_i) - r_f}{\text{Cov}(r_i, r_m)} \qquad (5\text{-}21)$$

上式是风险的市场价格,该价格测度了投资者对组合中某资产所要求的风险溢价水平。当市场均衡时,对所有资产而言,该比率都是相等的,即每种资产的收益风险比率相同。

(二)每种资产单位风险获得的风险溢价水平相同

在 CAPM 的均衡状态下,对于任意风险资产 i 与风险资产 j,由每种资产的收益风险比率相同可知,有:

$$\frac{E(r_i) - r_f}{\text{Cov}(r_i,\ r_m)} = \frac{E(r_j) - r_f}{\text{Cov}(r_j,\ r_m)} \equiv \bar{k} \tag{5-22}$$

对于风险资产 i，有：

$$E(r_i) - r_f = \bar{k}\,\text{Cov}(r_i,\ r_m) \tag{5-23}$$

$$\sum_{i=1}^{N} w_i \big[E(r_i) - r_f \big] = \sum_{i=1}^{N} w_i\,\bar{k}\,\text{Cov}(r_i,\ r_m) \tag{5-24}$$

对于市场组合 M，有：

$$E(r_m) - r_f = \bar{k}\,\text{Cov}(r_m,\ r_m) = \bar{k}\,\sigma_m^2 \tag{5-25}$$

$$\frac{E(r_m) - r_f}{\sigma_m^2} = \bar{k} \tag{5-26}$$

因此有：

$$\frac{E(r_i) - r_f}{\text{Cov}(r_i,\ r_m)} = \frac{E(r_m) - r_f}{\sigma_m^2} \tag{5-27}$$

由以上推导可知，单种证券的合理风险溢价取决于单种证券对市场组合风险的贡献程度，当市场达到均衡时，每种资产（资产组合）的单位风险获得的风险溢价水平相同。

（三）所有资产都落在 SML 上

CAPM 描述的是市场均衡时资产的期望收益与其 β 值（系统性风险）之间的关系，当市场处于均衡状态时，所有资产（包括单个风险证券和证券组合）的预期收益率与其风险之间的关系都会通过证券市场线 SML 来体现，这意味着所有资产都将落在 SML 上，代表其市场实际价格与理论市场均衡价格相等。

具体来说，每个资产或投资组合的预期收益率都可以通过 SML 上的某一点来表示，这一点由该资产或组合的 β 值决定。市场组合 M（即所有风险资产的加权平均组合）的 β 值为 1，其预期收益率等于无风险利率加上市场风险溢价。

同时，SML 为我们提供了一种方便的判断证券是否合理定价的标准。如图 5.13 所示，"合理定价"的证券一定位于 SML 上，如点 M；而处于 SML 下方的任何资产或投资组合代表其市场价格被高估，如点 O，因为它们的实际收益率低于根据 SML 预测的均

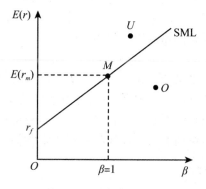

图 5.13　证券合理定价

衡收益率；处于 SML 上方的任何资产或投资组合则代表其市场价格被低估，如点 U，其实际收益率高于均衡收益率。

(四) 对证券市场线的进一步理解

风险资产或资产组合的必要收益率可以分解为无风险收益率与风险收益率之和，即：

$$E(r_i) = r_f + [E(r_m) - r_f]\beta_i$$
$$（必要收益率 = 无风险收益率 + 风险收益率）\tag{5-28}$$

$E(r_i) - r_f$ 可以理解为市场组合的风险报酬，是附加在无风险收益率之上的，承担单位系统性风险所要求获得的补偿，反映了市场作为整体对系统性风险的平均"容忍"程度。对系统风险越厌恶，风险溢酬越大；$[E(r_m) - r_f]\beta_i$ 则表示该证券的风险回报，系统风险越大，风险回报越高。

只有系统性风险才可以得到风险补偿。这是因为，非系统性风险可以通过多元化投资分散掉，而系统性风险是无法靠多元化来降低的，因此需要补偿。

为了直观地理解这一点，我们可以把公式(5-14)改写为：

$$E(r_i) = r_f + \frac{E(r_m) - r_f}{\sigma_m} \rho_{im} \sigma_i \tag{5-29}$$

其中，$\dfrac{E(r_m) - r_f}{\sigma_m}$ 为夏普比率，是均衡时的单位风险价格，σ_i 为资产 i 的总风险，$\rho_{im} \sigma_i$ 是 σ_i 中与市场回报相关的部分。对于资产 i 而言，只有与市场回报率正相关的随机回报率可以获得高于无风险利率的期望回报率。

四、CAPM 对投资的启示及存在的争议

(一) CAPM 对投资的启示

由于运用收益资本化原理进行价值评估需要贴现率，当未来收入既定时，如果知道了贴现率，那么这项资产的内在价值也就确定了。资本资产定价模型计算出的预期收益率就是价值评估中用到的贴现率，所以确定贴现率就是确定价格(内在价值)，这也是资本资产定价模型中没有价格变量但被称为"定价模型"的原因。

显然，预期收益率偏离均衡水平，也就意味着价格偏离均衡水平，从而可以通过找到被错误定价的投资标的以获得超额投资收益，即：

$$r_i = r_f + \alpha_i + \beta_i(r_m - r_f) + \varepsilon_i \tag{5-30}$$

在投资实践中，一种策略是选择 α 值大于零的资产进行投资，即该资产的价格被低估时买入，通过价值回归获利；另一种策略则是当市场处于上涨趋势时选择高 β 值的资产进行投资，从而获得较高的回报。前者是通过证券分析挖掘低估值股票，从而获得超额收益；后者是通过承担更高的系统性风险获得正常收益。

(二) CAPM 存在的争议

CAPM 在金融领域具有重要地位，为资产定价提供了理论框架。然而，该模型也存

在一些争议和局限性，这些争议主要围绕以下几点展开：

1. 假设前提的局限性

CAPM 的有效性建立在多个严格的假设之上，这些假设在现实中往往难以完全满足。它假定市场是完全有效的，信息能够无摩擦地反映到资产价格中，同时所有投资者都是理性的，具有相同的投资期限，并对未来市场走势持有同质的预期。然而，这些理想化的条件在真实世界中很少存在，市场的信息不对称、投资者的情绪化决策以及预期的分歧都使得 CAPM 的预测能力受到限制。

2. β 值难以确定

β 值作为 CAPM 中的核心参数，其大小取决于样本容量，即时间窗口的差异会导致不同的 β 值。莱维（Levy）认为，计算 β 值时的时间窗口长短选择是导致 β 值产生偏差的重要原因。[①] 另外，一旦某一资产的 β 值在一定的时间窗口内是负值，则意味着，把 β 值为负的风险资产与 β 值为正的风险资产按照一定的资金比例构造投资组合，系统风险同样可以消除，进而也不应得到市场回报，即表示风险资产收益率与其 β 值之间呈线性关系的资本资产定价模型不能成立。

3. 对风险的错误认知

巴菲特指出："学究们喜欢另行定义投资'风险'，断言它是股票或股票投资组合的相对波动程度，即它们相对于其他股票的波动程度……这种对风险的学术定义远远偏离了靶子，甚至产生了荒谬。比如，在 β 理论下，一只相对于市场指数水平暴跌的股票，比如 1973 年我们买进的华盛顿邮报的股票走势，在低价位时相对于高价位时'更为风险'。那么，这些话对那些有机会以巨大的折扣购买整个公司的人来说有什么启迪呢？"[②]格雷厄姆也认为："从根本上讲，价格波动对真正投资者只有一个重要的意义：当价格大幅下跌后，提供给投资者购买机会；当价格大幅上涨后，提供给投资者出售机会。"[③]由此可见，资产价格的波动对价值投资者来说，不但不是风险，反而是投资机会。

从逻辑上看，资产的收益率取决于收入与成本，因而，凡是影响收入与成本的变量都会影响资产的收益率，但是，资本资产定价模型并未体现这些变量。巴菲特在伯克希尔 1993 年年报中指出："β 值的纯粹主义者会鄙视调查公司的产品、公司的竞争对手有什么举动或者这家公司使用贷款额是多少等一切背景资料。他甚至不想知道公司的名字。他重视的是公司股票价格的历史走势。相反，我们可以幸运地说，我们无意去了解公司股票价格的历史走势，而是尽心去寻找进一步了解公司业务的所有信息。"[④]因此，作为现代投资理论核心的资本资产定价模型在其严格的假设之下具有一定的逻辑思维训练价值，但并不具备指导投资实践的功能。对此，巴菲特指出价值投资与现代投资理论

---

① Levy R. On the Short-Term Stationary of Beta Coefficients. Financial Analysts Journal：Vol. 27, 1971：55-62.

② 巴菲特. 巴菲特致股东的信 1993. http：//www.berkshirehathaway.com/letters/1993.html.

③ 格雷厄姆. 格雷厄姆投资指南. 王大勇，包文彬，译. 南京：江苏人民出版社，2001：54-55.

④ 巴菲特. 巴菲特致股东的信 1993. http：//www.berkshirehathaway.com/letters/1993.html.

的根本不同："追随格雷厄姆与多德的投资者自然而然根本不会浪费精力去讨论什么 β 值、资本资产定价模型、不同证券投资报酬之间的协方差。他们对这些东西丝毫不感兴趣。事实上，他们中大多数人甚至连这些名词的定义都搞不清楚。追随格雷厄姆与多德的投资人只关心两个变量：价值与价格。"①

综上所述，CAPM 虽然为资产定价提供了重要的理论框架，但由于忽略了真实世界的经济运行，其指导投资实践的价值存在着争议和局限。

☞ **思考题**

1. 简述风险厌恶投资者无差异曲线的特征。

2. 在消费者行为理论中，不同的消费者由于收入水平的差异会面临不同的预算线，为什么投资量不同的投资者面临的资本市场线（预算线）相同？

3. 在只存在一种风险资产的情形下，为什么引入无风险资产后投资者的选择范围从一个点变为一条线？说明选择范围越大效用水平越高的机制。

4. 简述资本市场线的两种推导方式。

5. 说明由资本市场线推导证券市场线的逻辑。

6. 如果一个资产没有落在证券市场线上，投资者将如何行动？

7. 简述资本资产定价的内涵及缺陷。

8. 资本资产定价模型中没有价格这一变量，为什么还被称为"定价"模型。

---

① Warren Buffett. The Super-investors of Graham-and-Doddsville. The Columbia Business School Magazine：Fall，1984：4-15.

第六章　投　资　总　量

投资在短期经济波动与长期经济增长中具有重要的作用。本章首先从经济理论与国民经济核算的角度介绍投资与储蓄的关系，解释短期经济波动的成因；其次，通过经典的经济增长模型探讨一国经济长期增长的机制，并指出了投资在其中的作用。

第一节　投资与储蓄

一、经典理论对投资与储蓄关系的认识

(一) 古典经济学派

古典经济学家认为市场机制可以使经济资源实现有效配置，在市场这只"看不见的手"的指引下，储蓄能够全部自动转化为投资，并达到均衡状态。因而，在古典经济学家看来，储蓄的决定等同于投资的决定。同时，古典学派强调资本累积的重要性，指出资本在促进经济增长方面具有决定性的作用。

斯密(1723—1790)，英国著名的经济学家、古典政治经济学的主要创立者，被称为"经济学之父"。斯密一生从事过多种学科的研究，在经济方面的研究成果尤为突出，其在1776年出版的《国民财富的性质和原因研究》(以下简称《国富论》)为现代经济学科提供了理论基础。

《国富论》对近代初期资本主义国家商品经济时代的发展进行了总结，批判吸收了重商主义与重农主义的经济理论，比较系统地分析了整个国民经济中储蓄向投资转化的运动过程。关于资本的积累，斯密认为它来源于节俭，"资本增加，由于节俭；资本减少，由于奢侈和妄为。一个人节省了多少收入，就增加了多少资本"。[①] 在斯密看来，资本是为继续生产而积累的"预储资财"，资本家就是积累有"预储资财"而谋求收入的人。他指出，"一个人所有的资财，如足够维持他数月或数年的生活，他自然希望这笔资财有一大部分可以提供收入；他将仅保留一适当部分，作为未曾取得收入以前的消费，以维持他的生活。他的全部资财于是分为两部分。他希望取得收入的部分，称为资

---

① 斯密.国民财富的性质和原因的研究(上卷).郭大力，王亚南，译.北京：商务印书馆，1972：279.

本。另一部分，则供目前消费"。① 斯密强调必须节制非生产性的消费，因为它使资本积累减少。"资本增加的直接原因是节俭，不是勤劳"。② 在当时特定的历史条件下，斯密认为，要把储蓄起来的财产当作资本来获取利润，必须将此财产用来雇佣生产性劳动者，而不能用来雇佣非生产性劳动者，而且增加资本积累必须通过节俭这一途径。另外，斯密依据一国财富的增量取决于劳动人数及劳动生产率，指出了资本积累对于国民财富增加的作用：一方面，资本积累可以吸纳更多的劳动力从事生产，另一方面，资本积累可以提高劳动生产率。总体来看，斯密把资本积累放在首位，对消费主张采取节制的态度。同时，斯密认为储蓄和投资是一回事，前者向后者转换不存在任何障碍。

萨伊(1767—1832)是法国第一次产业革命和资产阶级革命时期的政治经济学家。萨伊在其代表著作《政治经济学概论》中否定生产过剩的存在，提出了著名的"供给能够创造其本身的需求"(Supply creates its own demand)的观点，即所谓的"萨伊定律"(Say's Law)。萨伊认为："一个人通过劳动创造某种效用，从而把价值授予某些东西，但除非别人掌握有购买这价值的手段，便不会有人赏鉴、有人出价购买这价值。上述手段由什么组成呢？由其他价值组成，即由同样是劳动、资本和土地的果实的其他产品组成。这个事实使我们得到一个乍看起来似乎是很离奇的结论，就是生产给产品创造需求。"③买和卖是平衡的，每个生产者之所以愿意从事生产活动，若不是为了满足自己对该产品的消费欲望，就是为了想将其所生产的物品与他人换取物品或服务。对于如何增加生产，萨伊提出了他的资本理论。与斯密一样，萨伊极力主张节俭和储蓄。他认为："每年所储蓄和投入再生产用途的价值越多，国家繁荣的增长便越快。"④同时，他指出："仅仅鼓励消费并无益于商业，因为困难不在于刺激消费的欲望，而在于供给消费的手段，我们已经看到，只有生产能供给这些手段。所以，激励生产是贤明的政策，鼓励消费是拙劣的政策。"⑤基于以上原因，萨伊强调积聚资本的重要性："由积聚资本所产生的人类的能力，是绝对不可限量的能力，因为，通过时间、劳动和节俭的助力，人所能积累的资本是没有限度的。"⑥

英国资产阶级古典政治经济学的完成者，古典学派的另一位代表人物李嘉图(1772—1823)继承了斯密的理论，在其代表性著作《政治经济学及赋税原理》中认为资本积累是经济增长的最重要力量。李嘉图指出，只要资本积累增长，就会出现正的经济增长；资本积累下降，经济增长就会下降。不过，李嘉图研究经济增长问题的着眼点在于收入的分配，强调不同收入分配比例如何影响资本积累，进而决定经济增长。李嘉图赞同储蓄与投资具有一致性，认为"由于需求只受生产限制，所以不论一个国家有多少

① 斯密.国民财富的性质和原因的研究(上卷).郭大力，王亚南，译.北京：商务印书馆，1972：279.
② 斯密.国民财富的性质和原因的研究(上卷).郭大力，王亚南，译.北京：商务印书馆，1972：279.
③ 萨伊.政治经济学概论.陈福生，陈振骅，译.北京：商务印书馆，1963：152.
④ 萨伊.政治经济学概论.陈福生，陈振骅，译.北京：商务印书馆，1963：126.
⑤ 萨伊.政治经济学概论.陈福生，陈振骅，译.北京：商务印书馆，1963：160.
⑥ 萨伊.政治经济学概论.陈福生，陈振骅，译.北京：商务印书馆，1963：131.

资本都不会不得到使用"。① 他同时指出，一旦资本积累停止，经济增长也将停滞，要使经济重新增长，则要求资本家扩大资本积累。

从斯密、萨伊以及李嘉图的观点可以发现，他们都强调节俭进而储蓄的作用和地位，增加积累、节制消费是增加国民财富的重要途径。但是，随着一些经济学家开始关注产品是否能够实现，储蓄进而投资会自发导致经济增长的观点也开始遭到质疑。西斯蒙第(1773—1842)指出，生产的最终目的是消费，政治经济学研究的对象是人而不是财富，各国政府应使人们获得物质上的享受而非一味地节俭。"积累财富不是成立政府的目的，政府的目的正是使全体公民都能享受财富所代表的物质生活所带来的快乐"。② 西斯蒙第对萨伊定律提出批评，从消费决定生产的角度出发指出，在资本主义的条件下，财富将集中到少数人手中，这将会导致消费不足。并且，由于储蓄转化为投资也需要一段或长或短的时间，考虑到这一时滞性的存在，储蓄与投资之间出现不一致的可能性将增加。

总体来看，古典经济学派强调资本的重要性和节俭的品德，并且认为，在竞争性的工商业环境中，市场通过"看不见的手"来实现经济平衡，储蓄在市场机制下能够实现向投资的完全转化而无需政府干预，最终达到均衡的"充分就业"状态，而在"充分就业"的条件下，储蓄与消费具有替代关系，即储蓄高则消费少，储蓄少则消费高，节俭是决定资本形成的重要因素。另外，由于劳动人数的增加或劳动生产率的提高都离不开资本形成，所以资本形成对于经济增长具有不可替代的作用。

(二)瑞典学派的累积过程理论

瑞典学派是经济学的重要流派之一，其独特的理论体系和分析方法对当代经济学的发展具有重要影响。瑞典学派的创始人维克塞尔(1851—1926)在其代表作《利息与价格》中首次打破传统理论关于货币经济与实体经济的"两分法"，他认为，货币不是罩在实体经济之上的面纱，而是对实体经济起到十分重要的作用。维克塞尔指出："经济学家常常走得太远，他们认为自己从易货贸易的假设中推断出来的经济规律可以无条件地应用到现实情况中，事实上，使用或滥用货币会非常剧烈地影响实际交换和资本交易。用货币(例如用国家纸币)有可能(这确实已经屡次发生过)破坏大量的实际资本，并使整个社会的经济生活陷入无望的混乱。另一方面，通过合理地使用货币，通常能够积极地促进实际资本的积累以及生产的发展。"③因此，他认为，在现实中，货币与实体经济密不可分、融为一体，货币对投资具有重要的影响。

在维克塞尔的理论体系中，利率是使投资与储蓄相一致的调节器。关于利率调节储蓄与投资的功能，斯密和李嘉图早已表述过，不过维克塞尔对此做了进一步发展，他提出了两种利率"互相拔河"的理论：一种是决定银行可贷资金供求的利率，即货币利率；另一种则是隐形的所谓"自然利率"。维克塞尔认为，自然利率是由资本的物质边际生

---

① 李嘉图. 政治经济学及赋税原理. 郭大力，王亚南，译. 北京：商务印书馆，1983：247.
② 西斯蒙第. 政治经济学新原理. 何钦，译. 北京：商务印书馆，1964：117.
③ 维克塞尔. 国民经济学讲义(下卷). 解革，刘海琳，译. 北京：商务印书馆，2020：5.

产率决定的实际利率,反映了资本的真实收益。自然利率与货币利率之间只要存在差异,则该差异就会对价格起着渐进和累积的影响。为了说明利率差异引起的累积变化,维克塞尔在他的分析中把储蓄等于投资作为经济均衡的基石,使储蓄同投资有机地动态结合,从而建立了累积过程理论。

累积过程理论以货币均衡分析为基础,货币均衡分析又是以储蓄投资恒等为基础。就储蓄与投资关系而言,维克塞尔认为在通常情况下储蓄与投资是不相等的,只有在经济均衡时两者才会相等。自然利率与货币利率两者的关系决定着储蓄与投资的关系,银行可以用改变货币利率的方式来改变储蓄量及其与投资的关系。

维克塞尔认为,如果自然利率高于货币利率,企业可以获得超额回报而扩大投资,投资需求增加会抬高原材料、劳动力与土地等要素的价格。要素价格上涨带动要素所有者的收入增加,又会继续拉动消费品上涨,于是价格就形成了一个向上累积的过程,这一过程使储蓄增长缓慢,导致了储蓄小于投资的局面,经济也随之出现累积上升过程。反之,如果自然利率低于货币利率,价格变动方向相反,会出现一个向下积累的过程。维克塞尔由此得出结论:由于货币的存在,货币利率往往会偏离自然利率,只有银行调节货币利率使之与自然利率相一致,储蓄才与投资相等,此时经济处于既不扩大又不缩小的均衡状态,物价也保持稳定。

在维克塞尔之前,经济学家在分析储蓄对经济的作用时,总是把储蓄与投资分别论述。维克塞尔把储蓄和投资结合在一起进行分析,首次提出了以储蓄是否等于投资来论证经济的累积过程,这一分析方法对于经济分析具有重要意义,也对凯恩斯、哈耶克等经济学家产生了深远的影响。

(三) 新古典学派的均衡理论

马歇尔(1842—1924)是英国剑桥学派(又被称为新古典学派)的创始人。马歇尔在1890年出版的《经济学原理》,被西方经济学界公认为划时代的著作。

马歇尔与斯密一样,认为节约和储蓄是资本的来源,均是为了将来而牺牲现在的愉快。马歇尔认为,储蓄是一种等待或延期消费,"等待是成本的一种要素,如同劳作是成本的要素一样真实,当累积起来以后,它就被列入成本。"[1]既然等待同劳作一样是构成成本的要素,那么,与提高工资可以增加劳动供给相同,"利率提高就有增加储蓄量的倾向,利率降低有减少储蓄量的倾向"。[2]

对于资本的需求,马歇尔指出:"因为利率既涨,所以有一部分资本将从它的边际效率最低的使用中逐渐退出。"[3]从而,资本的需求取决于投资机会和投资收益。资本边际生产力越高,投资吸引力就越强,对资本的需求就越大。利率的高低与投资需求的大小成反比,即利率高投资需求小,利率低投资需求大。

---

① 马歇尔.经济学原理.陈良璧,译.北京:商务印书馆,1965:44.
② 马歇尔.经济学原理.陈良璧,译.北京:商务印书馆,1965:31.
③ 马歇尔.经济学原理.陈良璧,译.北京:商务印书馆,1965:228.

因此，将利率、储蓄、投资三者综合起来，便可得到均衡利率。马歇尔总结道："利息既为市场上使用资本之代价，故利息常趋于一均衡点，使得该市场在该利率下对资本之总需求量，恰等于在该利率下即将来到的资本的总供给量。"①在马歇尔看来，储蓄与投资都是利率的函数，储蓄与利率是增函数关系，投资与利率是减函数关系。利率高时，储蓄增加，投资减少；反之，则储蓄下降，投资增加。因此，变动利率又能使储蓄与投资趋于平衡。

总之，在马歇尔看来，储蓄、投资和利率动态变化且双向决定。如果没有储蓄与投资的平衡，利率就无法确定。而利率的变动又影响着储蓄与投资，储蓄与投资出现新的平衡，反过来决定新的均衡利率。储蓄、投资和利率在这种动态变化中自发地相互作用。

(四)凯恩斯的储蓄与投资理论

20世纪30年代资本主义经济大萧条否定了古典学派与新古典学派关于经济能够自行调整的观点。1936年，英国剑桥大学经济学家凯恩斯(1883—1946)发表《就业、利息和货币通论》(The General Theory of Employment, Interest and Money，简称《通论》)，对经济大萧条的原因及救治方案提出了自己的理论观点及政策主张。

凯恩斯在《货币论》中就已经认为储蓄与投资是不相等的。关于储蓄和投资，他指出："储蓄是各个消费者的活动，其内容是消费者不把全部本期收入用于消费的消极行为。从另一方面来说，投资则是企业家的活动，其内容是发起或维持某种生产过程，或是保持流动资本等积极行为。"②也就是说，储蓄和投资分别由消费者和企业家两种不同的主体独立做出决策，因而两种决策的结果一般来说是不相等的。

凯恩斯在《就业、利息和货币通论》中进一步指出："这些人错误地设想，在节制现在的消费和准备将来的消费之间存在自行协调的关系；而在事实上，决定后者的动机与决定前者的动机之间不存在着任何单纯的联系方式。"③在凯恩斯看来，储蓄是为了更好地保存财富价值以便未来享受，储蓄的决定因素是收入水平，投资是为了使资产增值，投资的决定因素是资本的边际效率和利息率。凯恩斯又依据边际消费递减规律，指出随着人们收入增长，消费也会增长，但消费增长跟不上收入增长，造成消费在收入中的比重下降，储蓄相对增加。一旦储蓄不能转化为投资，总供给与总需求就会失衡，从而需要政府干预予以平衡。另外，凯恩斯认为，投资通过收入这一中间环节决定储蓄，即投资决定储蓄而不是古典学派认为的储蓄决定投资。对此，凯恩斯指出："传统的分析觉察到储蓄取决于收入，但它却忽略了收入取决于投资这一事实。收入取决于投资的意义为：当投资改变时，收入必然会以如此的程度作出必要的改变以致能使储蓄的改变等于

---

① 凯恩斯. 货币论(上卷). 何瑞英，译. 北京：商务印书馆，1985：146.

② 凯恩斯. 就业、利息和货币通论. 高鸿业，译. 北京：商务印书馆，1999：97.

③ 凯恩斯. 就业、利息和货币通论. 高鸿业，译. 北京：商务印书馆，1999：27.

投资的改变。"①

二、投资与储蓄的关系

(一)国民收入核算视角下的投资和储蓄

在国民收入核算中,储蓄和投资之间存在着密切的联系。储蓄是指在扣除消费和税收后剩余的收入,储蓄可以分为私人储蓄和公共储蓄。私人储蓄是家庭在支付了税收和消费之后剩余的收入,而公共储蓄是政府在支付其支出后剩下来的税收收入。国民储蓄是私人储蓄和公共储蓄的总和。投资是指用于购买新的资本货物(如机器、设备、建筑等)的支出。在国民收入核算中,投资可以分为企业投资和政府投资。企业投资是企业为了扩大生产能力而进行的投资,而政府投资是政府为了提供公共服务或进行基础设施建设而进行的投资。

在封闭条件下的国民收入核算中,储蓄和投资之间存在着一个基本的恒等式:储蓄等于投资($S=I$)。这个等式表明,在一个经济体中,总储蓄(私人储蓄加上公共储蓄)必须等于总投资(包括企业投资和政府投资)。这是因为,从国民经济核算恒等式的右边看,其实质是一国经济产量中消费品(消费)与资本品(投资)的价值量之和。从恒等式的左边看,代表的是这些消费品与资本品的归属或分配,然后用于消费与储蓄,恒等式两端剔除消费之后,储蓄必然等于投资。这个关系反映的是:生产者生产的商品和服务要么被消费者购买(消费),要么被保留作为未来生产的资本(投资)。即使没有被购买的消费品,也相当于生产者自己买下来,这既是生产者的储蓄,也构成了生产者的存货投资,从而并不影响国民经济核算下的投资等于储蓄。

(二)意愿投资与现实投资

投资等于储蓄是一个核算的均衡,也是某一时期产出既定情形下的均衡,而要研究未来的生产情况如何变动,即在什么条件下将生产更多的或更少的国民收入?就要研究国民收入决定理论中的"意愿支出"与"实现支出"之间的关系。

在国民收入决定理论中,总需求定义为总的"意愿支出",它不同于国民收入恒等式中的"实现支出"。"实现支出"包括意愿和非意愿两种。由于个人、政府及国外部门在买的方面非常自由,愿意买就买,不愿意买就不买,因而意愿消费就是实现消费。而对于企业而言,企业虽然可以想买就买,但是,它不能想不买就不买,自己卖不出去的东西,必须自己买下来,成为非意愿存货,所以企业的意愿支出不一定等于实现支出,进而导致意愿投资与实现投资可以相等,也可以不相等。

因而,存货投资是理解储蓄与投资关系的关键。存货投资对于企业来讲是必要的,因为企业为了生产及销售的连续性,需要一定的存货,即意愿存货或计划存货。但是,在现实中,可能企业产品滞销,从而出现实际存货大于意愿存货的情况,即非意愿存货

---

① 凯恩斯. 就业、利息和货币通论. 高鸿业,译. 北京:商务印书馆,1999:97.

大于零。相应地，也有可能产品的销路非常好，从而出现实际存货小于意愿存货的情况，即非意愿存货小于零。

很显然，如果非意愿存货等于零，意味着意愿投资等于实现投资或者储蓄，经济就会处于均衡状态。如果非意愿存货大于零，意味着意愿投资小于实现投资或储蓄，说明总供给大于总需求，那么经济就会收缩。如果非意愿存货小于零，意味着意愿投资大于实现投资或储蓄，说明总需求大于总供给，那么经济就会扩张。

假定某经济体国民收入为100件产品，其中消费60件，储蓄40件（那么这个储蓄40件也就是实现投资40件）。如果企业的意愿存货为5件，考虑以下三种情形：情形一：企业除存货之外的投资为35件，那么实际存货就是5件，等于意愿存货，非意愿存货等于零。在这里，意愿投资为40件，这个40件是指除存货之外的投资35件加上意愿存货5件，从而意愿投资等于储蓄（或实现投资），国民收入处于均衡状态，下一期将生产同样多的产品。情形二：企业除存货之外的投资为30件，那么实际存货为10件，从而非意愿存货为5件，意愿投资为35件，这个35件是指除存货之外的投资30件加意愿存货为5件，意愿投资35件小于储蓄或实现投资40件，下期将减产。情形三：企业除存货之外的投资为40件，那么实际存货0件，非意愿存货就是负5件，意愿投资45件，同理，这个45件是指除存货之外的投资40件加上意愿存货5件，从而意愿投资45件大于储蓄或实现投资40件，下期将增产。总之，当非意愿存货不等于零的时候，也就意味着意愿投资不等于储蓄，就会导致国民经济的收缩或者扩张。

（三）投资决定储蓄

传统理论将储蓄视为投资供给，进而为投资需求提供物质基础，并运用供求分析从均衡的角度探讨利率的决定，但是，投资需求的基本功能就是经由投资行为形成资本，创造出储蓄。从这个角度看，投资需求、投资过程和储蓄反映的是投资的意愿、行为和结果，与商品或要素市场的供给与需求属于不同的范畴。在经济研究中，可以运用供求分析从交易的角度来探讨商品或要素市场的均衡，以揭示市场交易对经济效率的静态及动态影响。但是，储蓄的形成则属于实物从一种状态（生产要素）转变为另一种状态（资本品），主要反映生产的过程及结果。

投资离不开生产要素，如果生产要素是储蓄，则表明没有储蓄投资就无法进行，因而储蓄决定投资。但是，无论基于理论逻辑还是经济统计，各类生产要素都不会被视为国内生产总值的一部分，从而不可能是储蓄。尽管作为生产要素一种形式的资本存量会影响投资，但资本存量是流量储蓄的累积，同样是过去投资的结果。从流量角度看，运用生产要素的投资行为是原因，储蓄是结果，投资这一生产行为决定了资本的增加或储蓄，生产要素是形成储蓄的前提或条件。

一般而言，投资所需要的生产要素须经支付货币取得。在间接融资模式下，通过商业银行"无中生有"的货币创造功能为投资方提供资金；而在直接融资模式下，通过资本市场实现股票、债券等金融资产的创造，再经由货币转移为投资方提供资金。所以，金融不是"炼金术"，而是"炼物术"，是通过创造货币、股票、债券等权利凭证，为投资方提供资金，达到组织与运用生产要素形成产出的目的，并最终实现金融资产与实际物品的"双创造"。

通过以上逻辑可以看出，金融发展或金融深化不是提高了储蓄转化为投资的规模及效率，而是有利于组织运用生产要素完成投资，创造出储蓄，也有利于生产要素流向更有效率的领域。同理，金融抑制不是压低储蓄向投资转化的意愿，而是在金融抑制的情形下，生产要素的利用程度不足及配置效率低下，导致投资不足进而资本品产出不足，最终会形成金融滞后与经济停滞的双重陷阱。

第二节　投资与经济增长

一、哈罗德-多马增长理论

凯恩斯理论的中心是投资—储蓄分析，要说明的是短期内国民收入与就业量的决定。按这种理论，社会就业量取决于国民收入的均衡状态，而这种均衡实现的条件则是投资等于储蓄。但是凯恩斯建立的体系是一种"宏观静态经济学"，其缺陷是以未来的不稳定和人们预期不确定为依据，缺少长期与动态分析。因此，英国牛津大学教授哈罗德 1948 年在《动态经济学导论》一书中从长期动态分析的角度系统地建立了增长模型。与此同时，美国经济学家多马也于 1946 年和 1947 年在其《扩张与就业》《资本扩张、增长率和就业》以及《资本积累问题》等论文中独立地提出了与哈罗德模型相类似的增长模型，因而后来的西方经济学家一般将这两个模型合称为"哈罗德-多马模型"。

哈罗德-多马模型的基本方程式由三个经济变量组成：（1）产量（或收入）增长率 G；（2）储蓄率 S，即储蓄在国民收入中所占的比率；（3）资本产出比率 V，即每制造 1 个单位的产品所需的投资额，$V = K/Y$（K 为资本存量）。哈罗德认为，要保证经济均衡增长，G、S、V 这三个变量之间必须保持如下关系：

$$G = \frac{S}{V} \tag{6-1}$$

该方程式的含义是收入增长率取决于储蓄率与资本产出比。例如，假定 $S = 10\%$，$V = 2$，并且每年均固定不变，为了保证经济稳定增长，就要求生产每年按 5% 的速度增长，因为在 $V = 2$ 的条件下，意味着要使产量增加 5%，所需投资在收入中所占比重即为 $2 \times 5\% = 10\%$。也就是说，所需投资量在收入中所占比重恰好等于给定的储蓄率 S，这样就可以保证每年的储蓄全部转化为投资，使经济得以稳定增长。

由此可见，哈罗德-多马模型的中心思想是：把产量（或收入）增长率提高到它所引起的投资恰好能吸收本期全部储蓄的程度，是实现经济均衡增长的基本条件，这显然也是凯恩斯关于投资等于储蓄的观点。

哈罗德在此基础上提出了三种增长率：（1）实际增长率 G。它指一定时期内实际发生的经济增长率，由实际发生的储蓄率（S）和资本产出比（V）决定，其方程式：$G = S/V$。（2）有保证的增长率 G_w。它是由人们想要进行储蓄的水平（S_w）和令投资者满意并与资本存量相一致的资本产出比（V_w）决定的增长率。在储蓄水平和资本产出比为既定数值时，使投资等于储蓄，实现稳态的均衡增长所要求的增长率就是 G_w，其方程是：

$G_w = S_w/V_w$。（3）自然增长率（G_n）。它是人口增长和劳动生产率所决定的最大增长率。它由自然储蓄率（S_n）和"自然"资本产量比率（V_n）所决定，其方程是：$G_n = S_n/V_n$。由此形成了最理想的均衡增长的哈罗德 - 多马模型：$G = G_n = G_w$。

该模型的意义在于：根据增长率、储蓄率与资本产出比率三者间的关系，当 V 不变时，要使既定的储蓄全部转化为投资，就必须保证一定的经济增长率；要达到既定的经济增长率，就必须保证一定的储蓄，如果这时国内储蓄不足，就应考虑引进外资；如果储蓄不变，又无外资引进，就只能降低 V，即必须提高生产技术，改进生产方法。

哈罗德-多马模型将凯恩斯的理论动态化、长期化，并阐明了投资既能创造收入（需求功能），又能增加生产（供给功能），从而发展了凯恩斯的理论，为现代经济增长理论奠定了基础。模型通过实际增长率、有保证的增长率以及自然增长率之间的关系说明了经济波动的原因和实现经济稳定均衡增长的条件，为研究经济增长问题提供了简便的方法与工具。但是，该模型也存在一定的不足，例如，假定资本与劳动力不能相互替代、过分强调储蓄与资本积累而忽视技术进步等。而且，该模型增长路径是一个狭窄的刃锋，这意味着，如果关键参数，如储蓄率、资本产出比、劳动力增长率发生微小的变化，就可以使经济增长偏离均衡状态。这种对参数变化的敏感性使该模型解释与预测现实经济波动的能力明显不足。

二、新古典经济增长理论

1956 年，新古典综合经济学家索洛（1924—2023 年）和斯旺（1918—1989 年）对哈罗德-多马模型作了修正与补充，提出了新古典增长模型，又称索洛-斯旺模型。新古典增长模型与哈罗德-多马模型的区别主要表现在三个基本假定上：第一，新古典增长模型假定生产中使用的资本与劳动力两种要素是能够互相替代的，即资本与劳动力的配合比例以及资本产出比率是可以改变的。而在哈罗德-多马模型中，资本与劳动力不能互相替代，即资本与劳动力的配合比例以及资本产出比率是固定的。第二，新古典增长模型假定，由于劳动力和资本能够互相替代，因而劳动力和资本这两种要素都可以得到充分利用。第三，市场是完全竞争的，价格机制起主要调节作用，而哈罗德-多马模型是一个非价格的模式，忽视了市场机制对经济的调节。[①]

考察一个只有单一产品的经济体。假定生产的规模收益不变，商品 Y 既是消费品也是投资品，消费者储蓄率为 s，劳动人数以外生比率 n 增加，不存在技术进步，不存在折旧，此时经济体总储蓄为 $s \cdot Y$。当经济处于均衡状态时，储蓄将全部转化为投资，因而经济的均衡条件是 $S = I$，则资本存量 K 的增量为：

$$K = I = s \cdot Y \tag{6-2}$$

总量生产函数可以表示为：

$$Y(t) = F[k(t)，L(t)] \tag{6-3}$$

由于生产的规模收益不变，（6-3）式可表示为集约形式，令人均产出 $y = Y/L$，人均

---

① Robert M S. "A Contribution to the Theory of Economic Growth". Quarterly Journal of Economics，1956(1).

资本 $k = K/L$，则有：

$$y = f(k) = F(k, l) \tag{6-4}$$
$$LF(k, l) = F(K, L) \tag{6-5}$$

索洛假定集约型生产函数满足条件：$f'(k) > 0$，$f'(k) < 0$，及稻田（Inada）条件：

$$\lim_{k \to 0} f'(k) = \infty , \ \lim_{k \to \infty} f'(k) = 0 \tag{6-6}$$

对上式进行整理，可以得到人均资本的动态变化特征为：

$$k = s \cdot f(k) - n \cdot k \tag{6-7}$$

式（6-7）是新古典经济增长理论的基本方程。方程中的 $s \cdot f(k)$ 项是人均储蓄；$n \cdot k$ 项是劳动力以速率 n 增长时，为保持资本劳动力比不变所需的投资量。

再假定技术进步率 v 采取哈罗德中性的形式，与劳动力规模增加类似，将其纳入基本的索洛模型，这时新古典经济增长理论的基本方程变为：

$$k' = s \cdot f'(k) - (v + n) k \tag{6-8}$$

式中 $k' = K / [A(t) \cdot L]$ 是每一"有效"工人拥有的资本量。

因此，总产出增长率、总消费增长率、资本增长率等于技术进步率与劳动力增长率之和 $v + n$；人均收入增长率等于技术进步率 v，这表明人均收入增长完全是由外生的技术进步引起的。

新古典增长模型的意义在于：它假定生产要素之间可以替代，使资本产出比由固定不变成为可变，从而增加了经济增长率的可调节性，克服了哈罗德-多马模型中经济增长率的刃锋问题；它强调了市场机制与技术进步对经济增长的调节与促进作用。新古典经济增长理论受到广泛重视的一个原因是其具有较强的解释能力，大量工业化国家的经济增长历程基本证实了技术进步在经济增长中的重要性。但是，该理论未能够解释长期经济增长的真正来源，而且把技术进步看作外生给定的。并且，新古典增长理论认为储蓄率、技术进步与人口增长率均对经济增长产生影响，却忽略了其内在联系，比如人口增长率对技术进步与资本形成的作用。另外，新古典增长模型认为具有相同技术和人口增长率的国家最终会接近于相同的稳态增长率，然而这一结论在现实中并未得到充分的验证。

三、新剑桥经济增长理论

新剑桥经济增长理论是由罗宾逊、卡尔多、帕西内蒂等学者提出。新剑桥经济增长理论把经济增长与收入分配相结合，认为经济增长决定了收入分配结构的变化，收入分配结构的调整影响着储蓄向投资转化的过程。关于新剑桥经济增长理论的特点可以卡尔多经济增长模型加以说明。

卡多尔假设全社会只有工人和资本家两部分，国民收入（Y）划分为工资（W）和利润（P）两部分；工人与资本家各有固定的储蓄倾向，分别为 S_w 和 S_p，且 $S_p > S_w$；储蓄总额为 S，社会总储蓄率为 $\dfrac{S}{Y}$；投资为 I，社会总投资率为 $\dfrac{I}{Y}$，这样推导出：

$$Y = W + P, \ W = Y - P \tag{6-9}$$

$$S = S_w W + S_p P = S_w (Y - P) + S_p P \tag{6-10}$$

将式(6-10)两边同时除以 Y，得到：

$$\frac{S}{Y} = S_w \frac{Y - P}{Y} + S_p \frac{P}{Y} \tag{6-11}$$

此时，社会总储蓄率等于工人和资本家两大阶级储蓄率的加权之和，这里的权数指工资和利润在国民收入中所占的份额。

调整式(6-11)可得：

$$\frac{S}{Y} = S_w + (S_p - S_w) \frac{P}{Y} \tag{6-12}$$

根据凯恩斯均衡增长条件，储蓄等于投资($I = S$)，以 I 代替 S 代入，则得到：

$$\frac{I}{Y} = S_w + (S_p - S_w) \frac{P}{Y} \tag{6-13}$$

经调整得：

$$\frac{P}{Y} = \frac{1}{S_p - S_w} \cdot \frac{I}{Y} - \frac{S_w}{S_p - S_w} \tag{6-14}$$

卡尔多模型表明，利润在国民收入中的份额 $\left(\dfrac{P}{Y}\right)$ 取决于投资率、工人和资本家的储蓄倾向，式中，$\dfrac{1}{S_p - S_w}$ 称为收入分配的灵敏度系数，该模型可能出现以下三种情况：

(1) 设 $S_w = 0$，$S_p = 1$，则 $\dfrac{P}{Y} = \dfrac{I}{Y}$。由于两者同向变动，投资率越高，利润在国民收入中的份额越大，工资所占的份额越小。

(2) 设 $S_w = 0$，$0 < S_p < 1$，则 $\dfrac{P}{Y} = \dfrac{1}{S_p} \cdot \dfrac{I}{Y}$。该式表明，利润在国民收入中的份额取决于资本家的消费倾向和投资率。若投资率不变，资本家的储蓄倾向越小，利润在国民收入中的份额越大；若资本家的储蓄倾向不变，投资率越高，利润在国民收入中份额也越大。较高的经济增长率来自较高的投资率，所以经济增长越快，利润占国民收入份额越大，而工资所占份额越小。

(3) 设 $0 < S_w < S_p < 1$，则 $\dfrac{P}{Y} = \dfrac{1}{S_p - S_w} \cdot \dfrac{I}{Y} - \dfrac{S_w}{S_p - S_w}$。在该式中，随着投资率和经济增长率的提高，利润所占国民收入的份额也会持续增加。

卡尔多强调，经济增长的主要动力在于企业进行投资的意愿。而且投资率越高，经济增长率越高，收入分配越有利于资本家阶级而不利于工人阶级，从而得出了"资本家得到他所支出的，工人支出他所得到的"的理论结论。

新剑桥经济增长模型将经济增长与收入分配结合起来，说明经济增长过程中收入分配的变化趋势以及收入分配关系对经济增长的影响。该模型认为，由于经济增长有利于资本家而不利于工人，经济增长加剧了收入分配比例的失衡，因而要实现长期稳定的经济增长，必须调节收入分配比例。

四、新经济增长模型

20世纪80年代中期出现了新增长理论，其主要代表人物是罗默和卢卡斯，此外还有格罗斯曼和赫尔普曼、阿吉翁和霍伊特等人。新增长理论是一些相同或类似观点的松散集合体，这些观点的共同特征是经济增长不是外生因素作用的结果，而是由经济系统的内生变量决定的。这种特征决定了不能采用外生增长理论中的要素报酬递减的假设，而是采用要素报酬不变或递增来解释内生增长。

(一)干中学、知识外溢与人力资本

1962年阿罗提出了"干中学"模型，强调把从事生产的人获得"知识"的过程内生于模型。这一模型的学习过程包括两种效应：一是"干中学"。生产产品会积累更多的经验，获得更多的知识，从而会提高生产效率；二是知识的溢出效应。知识是公共品，一经发现就会外溢到整个经济，从而促进生产率的提高。此后，罗默在1986年的著名论文《收益递增和长期增长》中，借用这一分析框架通过引入知识建立了内生技术变化的长期增长模型，该模型假定完全竞争并采用技术外部性和收益递增来解释经济增长。罗默认为特殊的知识和专业化的人力资本是经济增长的主要因素，知识和人力资本不仅能使自身形成递增收益，而且能使资本和劳动力等要素也产生递增收益，从而整个经济的规模收益递增。1988年卢卡斯在《论经济发展的机制》[①]一文中，利用人力资本来解释长期增长。他认为，与一般劳动力不同，人力资本的形成需要教育和培训成本的投入。人力资本不但对生产率有直接的影响，还对劳动力和物质资本生产率产生外部效应，从而保证要素收益递增。

以上模型的经济意义和政策含义在于：(1)知识能够提高投资收益率，说明了收益率随着时间变化以及各国经济增长率不一致的原因。(2)与资本一样，知识是一种生产要素，国家必须以对待机器投资的同样方式对待知识投资。(3)由于过去的资本对知识积累是有益的，因而存在着投资促进知识、知识促进投资的良性循环。这意味着，投资的持续增加能够长期地提高一个国家的增长率，这一点突破了传统理论的观点，同时说明规模经济对经济增长的作用，推翻了新古典绝对趋同的结论。

(二) 研究与开发

1990年罗默在《内生技术进步》[②]中又提出了他的第二内生增长模型，即四要素三部门模型。该模型有三个基本前提或假定：第一，技术进步是经济增长的核心；第二，大部分的技术进步源于市场激励导致的有意识的投资行为，即技术是内生的；第三，创新能使知识成为商品。罗默特别强调知识商品的特殊性：使用上的非竞争性(Nonrival)

---

① Robert E. Lucas Jr. On the Mechanics of Economic Development. Journal of Monetary Economics，1988(5).

② Paul Romer. Endogenous Technological Change. Journal of Political Economy，1990(5).

和占有上的部分排他性(Partially Excludable)。由此产生了两个重要结果：(1)使用上非竞争性的商品可以无限地累积增长；(2)不完全的排他性和不完全的独占性使知识可以产生溢出(Spillover)效应，经济具有长期的收益递增性。

为了使技术进步转为内生，罗默假设了垄断性竞争的产业结构，理由是完全竞争下的厂商并不需要去发展新技术。同时，厂商一旦发展出新技术，也自然会成为垄断性竞争下的厂商。为了获取垄断性竞争的地位，每一厂商都将投资于两方面，其一是实质资本，其二是新的技术，或称新的生产知识。在实质资本方面，他完全承袭传统的分析，认为这些资本都是私有财产。在生产知识方面，他认为即使在专利的保护下，这些新的技术依旧会外溢出去。这些技术介于私有财产与公共财产之间。这样，个别厂商在追求垄断性竞争时所创造出来的新技术，会经由不算违法的管道扩散，从而提高所有厂商的技术水平。个别厂商对垄断性竞争的追求，创造了源源不断的新技术，也推动了经济的内生成长。

该模型的经济可分为三个部门：研发部门、中间品生产部门和最终品生产部门。研发部门把知识产品卖给中间品部门用于生产机械等，中间品部门将产品卖给最终品部门，研发部门因知识的部分排他性(有期限的知识产权保护期)获得利润。有四种投入要素：有形资本、非熟练劳动力、人力资本和技术水平。人力资本指熟练劳动力，用受教育的时间来表示，人力资本水平在所有经济中短期是固定的，技术水平隐含在先前的创新产品之中。知识由两部分组成：一是人力资本，它具有竞争性；二是技术水平，它是非竞争性的，可实现无限的增长。模型假定人口是固定的，人力资本用于最终品生产和新知识生产。

该模型的经济含义和政策结论是：(1)增长率随着研究型人力资本的增加而增加，与劳动力规模以及生产中间产品的工艺无关。大力投资于教育和研究开发有利于经济增长，而直接支持中间品的投资政策无效。(2)人力资本的规模是至关重要的，居民的文化程度对产出的收益递增必不可少。一个国家必须尽力扩大人力资本存量才能实现更快的经济增长。经济落后国家人力资本低，研究投入的人力资本少，增长缓慢，经济将长期处于"低收入的陷阱"。(3)由于知识的溢出效应和专利的垄断性，政府的干预是必要的。政府可通过向研究者、中间产品的购买者、最终产品的生产者提供补贴，实施有期限的知识产权保护，以提高经济增长率和社会福利水平。(4)对外开放有利于增加知识和技术的生产与积累。

罗默既不赞成新古典市场调节的政策建议，也不同意凯恩斯主义的主张。他认为，政策不应把注意力集中在经济周期的治理上，忙于进行"微调"和寻求操纵"软着陆"的方法是不对的，而应着力制定促进发展新技术的各种政策。政府应较少地投资基础设施，使基础设施投资私人化是正确的选择。政府应补贴以大学为基地的科学和技术的开发，或建立法律框架以鼓励风险资本和资本的自由流动等。对于科技政策，罗默认为大学的作用在于探索基本概念及理论，着眼国家的安全和需要，追求长远利益。大学不应以商业和经济为目的，应给大学提供良好的环境，不能把大学里的研究推向私人部门。

(三) 创造性破坏

创造性破坏(Creative Destruction)是新熊彼特主义经济增长理论的标识,该理论的主要代表人物是阿吉翁和豪伊特。[①] 阿吉翁和豪伊特的理论源自熊彼特在其 1942 年出版的《资本主义、社会主义与民主》一书中提出的"创造性破坏"。在他们的模型中,技术是生产的决定性因素,技术的提供者是具有创新观念的企业家。一个企业拥有了领先的技术,就具有一定的垄断力量,可以获得超额利润。为了获得这些超额利润,企业家就有动力把资源不断投入研发。这些研发一旦成功,新的技术就可以取代老的技术从而居于垄断地位,原有的企业会被排挤甚至驱逐出市场,这样,经济增长是在优胜劣汰中实现的。因而,技术进步是企业家创新和"创造性破坏"过程的结果。

☞ 思考题

1. 说明投资在短期经济波动与长期经济增长中的作用以及短期经济波动与长期经济增长之间的关系。

2. 简述经典理论关于投资与储蓄关系的主要观点。

3. 在国民经济核算中,为什么投资恒等于储蓄?

4. 从宏观角度考察,为什么节俭导致储蓄的观点是错误的?

5. 简述新古典增长模型与哈罗德-多马模型的联系与区别。

6. 简述新经济增长模型的理论贡献及缺陷。

7. 投资是经济增长的决定性因素,那么,决定投资的因素是什么?

---

① Philippe Aghionand Peter Howitt. Endogenous Economic Growth. Cambridge, MA: MIT Press, 1998.

第七章　有效需求不足原理

有效需求不足原理是凯恩斯就业理论的逻辑起点，也是其整个学说体系的基础。本章在介绍了凯恩斯的边际消费倾向递减规律、资本边际效率递减规律和流动性偏好三大心理规律的基础上，说明了有效需求不足原理的内涵、影响及缺陷。

第一节　三大心理规律

20 世纪 30 年代全球性的大危机表明，资本主义市场经济并不是一种能够自动达到稳定和均衡的经济体系。凯恩斯在 1936 年发表的《就业、利息和货币通论》(有时简称《通论》)中开篇明义，说明了为什么书名叫《通论》。[1] 随后，凯恩斯批判了古典经济学家关于市场经济中"供给自动创造需求"的三个假设条件：(1)实际工资等于现行的就业量的边际负效用；(2)严格意义上的非自愿失业不存在；(3)供给创造自己的需求，即在产出和就业的所有水平上总需求价格都等于总供给价格。在此基础上，凯恩斯认为，资本主义市场经济处于充分就业的情形并不是经济运作的常态。为了论证其理论逻辑，凯恩斯创造了许多经济学术语或概念，其中影响最大、构成其理论内核的是"边际消费倾向递减""资本边际效率递减"与"流动性偏好"。

一、边际消费倾向递减规律

凯恩斯指出："我们分析的最终目标是找出：决定就业量的是什么。到目前为止，我们所得到的初步结论，即：就业量取决于总供给函数和总需求函数的交点。"[2]显然，社会总需求函数由消费与投资决定，就消费而言，凯恩斯认为，一个社会花费在消费方面开支的数量：(1)部分地取决于这个社会的收入数量；(2)部分地取决于参与者的其他客观情况；以及(3)部分地取决于该社会居民的主观需求、心理上的倾向、习惯，以

---

① 将"General Theory"翻译成"通论"虽然有文采，但一定程度上可能失去了凯恩斯的原义，最贴切的翻译是"一般理论"，以区别于凯恩斯意义上包括马歇尔在内的古典学派的"特殊理论"。具体而言，在古典学派眼中，价格机制的自动调节作用可以保证充分就业，因而总需求(AD)曲线必然交于总供给(AS)曲线的垂直部分(古典区域)。但凯恩斯认为，充分就业并不是经济运作的常态，AD 曲线也可以交于 AS 曲线的"凯恩斯区域"及"中间区域"。由于 AD 曲线交于 AS 曲线垂直部分对应的是充分就业情形下国民经济产出的一个点，所以谓之"特殊"，当 AD 曲线可以交于 AS 曲线的任何部分，那么显然则会对应各种就业水平下的国民经济产出，是多点构成的一条线，所以谓之"一般"，即"特殊"和"一般"对应的是"点"和"线"。

② 凯恩斯. 就业、利息和货币通论. 高鸿业，译. 北京：商务印书馆，1999：95.

及收入分配原则(当产量增加时,分配原则可能随之发生改变)。这三个方面决定了这个社会居民的消费倾向。凯恩斯又分析了影响消费的客观因素:(1)工资单位的改变(因而实际收入的增减);(2)收入和净收入之间差额的改变(凯恩斯认为消费量取决于净收入);(3)在计算净收入时没有计入的资本价值的意外变动,即资本增加在消费中的财富效应;(4)时间贴现率的改变,即现有物品与未来物品交换比率的改变;(5)财政政策的改变;(6)人们对现在和未来收入水平变化的预期。①

对于影响消费的主观因素,凯恩斯列举了8个动机,包括谨慎(为了不时之需而积累起一笔准备金)、远虑(为了事先料到的个人或其家庭所需要的开支与其收入之间的关系的改变而作出储备)、筹划(为了获得利息和财产的增值)、改善(为了弥补逐渐增加的生活开支)、独立(为了取得具有独立生活能力的感觉以及取得能做出事业的成就感)、进取(为了进行投机活动或从事某种商业活动而积累资金)、传承(为了能留下遗产给子孙后代)和贪婪(纯粹满足守财奴的欲望),等等。凯恩斯认为,这8个主观动机,加上每个人的享乐、短视、慷慨、失算、浮华和奢侈,决定了人们的主观消费倾向。②

以此为基础,凯恩斯的总体结论和系统见解是:"根据现有的资料,无论从我们所知道的人类本性来看,还是从经验中的具体事实来看,我们可以具有很大的信心来使用一条基本心理规律。该规律为:在一般情况下,平均来说,人们的收入增加时,他们的消费也增加,但消费的增加不像收入增加得那样多。也就是说:假设 C_w 代表消费量,而 Y_w 代表收入(二者皆以工资单位来衡量),那么 ΔC_w 和 ΔY_w 会具有相同的正负号,但前者小于后者,即: $\dfrac{\mathrm{d}C_w}{\mathrm{d}Y_w}$ 的数值为正,但却小于 1。"③也就是说,边际消费倾向(Marginal Propensity to Consume,简称 MPC)是递减的。

"消费——众所周知的事实——是一切经济活动的唯一目标和对象。就业的机会必然会受到有效需求的多寡的限制。总需求只能来源于现行的消费以及现在为将来的消费所做出的准备。"④在这里,凯恩斯明确指出,一切生产的目的都是为了消费。有效需求来源于现在的消费需求和为准备未来消费而进行的现在的生产(投资),"准备未来消费"受"现在消费"的影响,从而投资不足是由于"现在消费"不足派生出来的。由此,凯恩斯强调了边际消费倾向在经济活动中的重要作用。

关于是否存在边际消费倾向递减规律,经济学界的观点并不一致。本书第一章中曾指出,凯恩斯运用边际消费倾向分析宏观层面的消费问题,是犯了用微观思维分析宏观经济现象的错误。在宏观层面,一国的消费率(或消费倾向)的变化更大程度上受制于产出结构。一般而言,当一国的产出结构发生变化时,其消费占 GDP 的比重也随之发生变化,这一比例的变化趋势更大程度上决定于技术进步导致的产业结构变动,从而受

① 凯恩斯. 就业、利息和货币通论. 高鸿业,译. 北京:商务印书馆,1999:97-101.
② 凯恩斯. 就业、利息和货币通论. 高鸿业,译. 北京:商务印书馆,1999:112-113.
③ 凯恩斯. 就业、利息和货币通论. 高鸿业,译. 北京:商务印书馆,1999:102.
④ 凯恩斯. 就业、利息和货币通论. 高鸿业,译. 北京:商务印书馆,1999:109.

客观生产力的影响，而不是决定于微观个体层面心理状态。例如，一些经济学家认为，随着经济发展和生活水平的提高，消费者的消费需求将更加多元化和个性化，导致边际消费倾向不再呈现递减趋势。显然，消费需求的多元化和个性化在一定程度上也是决定于生产力发展带来的产出结构变化。

二、资本边际效率递减规律

在《通论》的第十一章，凯恩斯提出了"资本边际效率（Marginal Efficiency of Capital，MEC）"这一概念，并从微观层面即企业家的投资决定上来定义这个概念："当一人购买一件投资品或资本资产时，他是在购买能得到一系列未来的收益的权利；在投资品的寿命的限度内，未来的收益等于他所预期的投资所带来产品的卖价减去由于获取产品而支付的费用。这一系列年收入 Q_1，Q_2，$\cdots$，Q_n，可以被称为投资的预期收益……从资本资产的预期收益和它的供给价格或重置成本之间的关系可以得到资本资产增加一个单位的预期收益和该单位的重置成本之间的关系。这种关系向我们提供了资本的边际效率的概念。更确切地说，我把资本的边际效率定义为一种贴现率，而根据这种贴现率，在资本资产的生命周期所提供的预期收益的现值等于资产的供给价格。"[1]

资本边际效率的公式为：

$$R = \sum_{i=1}^{n} \frac{R_i}{(1+r)^i} + \frac{J}{(1+r)^n} \tag{7-1}$$

其中，R 代表资本品的供给价格或重置成本，R_i 表示使用期内各年份的预期收益，J 代表资本品在第 n 年年末的处置残值，r 代表资本边际效率。

凯恩斯进一步指出："在任何时期，如果增加在任何一种资产上的投资，那么，随着投资量的增加，这种资产的资本边际效率就会递减。其部分原因在于：当该种资产的供给量增加时，预期收益会下降；另一部分原因在于：一般说来，该种资产的增加会使制造该种资产的设备受到压力，从而，它的供给价格会得以提高。"[2]也就是说，一方面，随着投资的增加，产品供给会增加，产品的价格一般会下降，另一方面，随着投资的增加，对资本品需求的增加会导致资本品价格上升，即单位产品收入减少与单位产品成本上升会降低投资的收益率。

但是，从公式（7.1）可知，资本边际效率指的是平均收益率，[3] 而不是边际收益率。例如，某项目投资100万元，第二年回收110万元，项目结束，无残值；如果投资200万元，第二年回收210万元，项目结束，无残值。按凯恩斯意义上资本边际效率的计算，投资100万元的情形下，资本边际效率是10%；投资200万元的情形下，资本边际效率是5%。但这个项目从投资100万元到投资200万元的边际变化看，在两种投资数

---

[1]　凯恩斯．就业、利息和货币通论．高鸿业，译．北京：商务印书馆，1999：139.

[2]　凯恩斯．就业、利息和货币通论．高鸿业，译．北京：商务印书馆，1999：140.

[3]　称为平均收益率也是粗略不精确的，见第二章对"到期收益率"的解释。事实上，资本边际效率、到期收益率、内部收益率以及费雪的收获超过成本率，指的是同一个意思，都是收入现值等于成本现值的贴现率。

量下收益都是 10 万元，新增的 100 万元投资并没有带来边际收益，即新增 100 万元的边际效率是 0，而不是 5%，如果依据 5% 进行投资决策则会导致损失。例如，当市场利率是 4% 时，投资 100 万元的净收益为 6 万元(10 万元收益减去 4 万元的利息成本)；投资 200 万元的净收益为 2 万元(10 万元收益减去 8 万元的利息成本)。从净收益 6 万元变为净收益 2 万元，净收益减少 4 万元的原因在于，边际上的 100 万元产生了 4 万元的利息成本但没有带来收益。因而，不能依据 5%(所谓的"边际收益")大于 4%(边际成本)选择投资 200 万元。

从这个例子可以看出，资本边际效率(MEC)指的是平均收益率，即每一元钱带来的收益，而不是"边际"。为了区分"平均"与"边际"，目前用投资边际效率(MEI)代表投资的边际收益，以区别于资本边际效率所代表的平均收益率。具体情形见图 7.1。

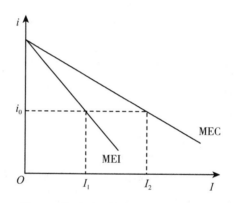

图 7.1　资本边际效率与投资边际效率

在市场利率给定的情况下，项目投资是否可行取决于投资边际效率是否大于市场利率，而非资本边际效率是否大于市场利率。具体来说，在图 7.1 中，当市场利率为 i_0 时，依据投资边际效率决策的较小的投资量 I_1 是有效率的，而根据资本边际效率决策的较大的投资量 I_2 是无效率的，因为这部分额外投资的投资边际效率已经低于市场利率，相当于投资的边际收益 MR 小于边际成本 MC。

就论证有效需求不足而言，因为资本边际效率下降也往往意味着投资边际效率下降，所以，即使资本边际效率代表的是平均收益率，但并不影响资本边际效率下降会导致投资减少的结论。另外，当人们对未来预期悲观时，其突出表现就是低估投资带来的收入流，在这种情形下，无论是资本边际效率还是投资边际效率都会下降，抑制投资。这也表明，由于人们对未来收入流的判断与其心理状态(悲观或乐观)有关，从而资本边际效率的大小受心理状态的影响，这也是凯恩斯将资本边际效率递减规律称为心理规律的重要原因。

在《就业、利息和货币通论》具有总结性的"略论商业循环"一章中，凯恩斯认为，发生商业周期的原因，恰恰在于资本边际效率，以及人们对资本边际效率递减的预期，消费不足也是由投资不足引起，后者是因前者是果。对于经济波动与商业周期，凯恩斯不是像米塞斯、哈耶克和其他奥地利学派的经济学家们那样，认为是因为市场利率太低，导致经济体系中的过度投资，当过度投资或不当投资不能收回其成本时，经济危机就会到来。凯恩斯指出："我认为，商业周期的基本特征，特别是能使我们称之为周期的时间序列和时间长短的常规性，主要是因为资本边际效率的波动。我相信，商业周期最好应当被认为是由资本边际效率周期性的变动所造成的。当然，与这种变动相关的经济体系中其他重要的短期变量会使之更加复杂乃至更加严重。"①

凯恩斯分析了资本边际效率下降导致经济萧条的机制。凯恩斯写道："繁荣阶段的后期特点是：对资本品的将来收益的乐观预期强大到足以补偿资本品数量的日益充沛、它们的生产成本的上涨以及可能出现的利息率的上升。在有组织的投资市场中，购买者在很大程度上对他们所购买的东西认识并不清楚……当过度乐观和过度购买的幻想破灭时，市场价格会以突然甚至灾难性的巨大力量下降。此外，伴随着资本边际效率崩溃而到来的对将来的惶恐和不肯定性很自然地促使流动性偏好急剧增长——由此而导致利息率的上升。可以看到，资本边际效率的崩溃再加上随之而来的利息率的上升这一事实会严重加剧投资的下降。"②凯恩斯断定，正是由于资本边际效率的突然崩溃所导致的上述一系列效应和机制，使得经济萧条如此难以摆脱。

三、流动性偏好

凯恩斯认为，如果资本边际效率不发生变化，投资将决定于利率，而利率又决定于流动性偏好(Liquidity Preference)和货币数量。如果中央银行控制的货币供给既定，那么，利率就取决于人们心理上的流动性偏好。凯恩斯认为，货币需求(即经济主体对货币持有的欲望)是由流动性偏好决定的。当经济主体对流动性高的资产有更高的偏好时，货币需求就会增加；反之，当经济主体对流动性低的资产有更高的偏好时，货币需求就会减少。

流动性偏好是指经济主体(如投资者、消费者和企业)对持有流动性高的资产(如现金、活期存款等)的偏好，相对于流动性较低的资产(如长期债券、股票、房地产等)，流动性高的资产可以更容易、更快速地转换为现金。凯恩斯指出："在这里，一个人的流动性偏好系用此人在各种不同情况下愿意以货币形式加以保存的其资产的价值(用货币或工资单位)加以衡量。"③

人们之所以偏好持有货币而不愿持有资本去获取收益或利润，或是出于交易性的动机，即人们为了日常交易的方便，而在手头保留一部分货币，这类动机产生的货币需求就被称为货币的交易需求，它取决于收入的数量和收支的时距长短；或是出于谨慎的动机，是指人们需要保留一部分货币以备未曾预料的支付；或是出于投机的动机，以备在证券价格下降时买入实现投机取利。因此，利息就被认为是对人们在特定时期内放弃这种流动偏好的报酬。

凯恩斯认为，手持现金或窖藏货币虽然是储蓄但没有利息，因而批评了利息是储蓄

---

① 凯恩斯．就业、利息和货币通论．高鸿业，译．北京：商务印书馆，1999：327.
② 凯恩斯．就业、利息和货币通论．高鸿业，译．北京：商务印书馆，1999：329-330.
③ 凯恩斯．就业、利息和货币通论．高鸿业，译．北京：商务印书馆，1999：166.

的报酬，由此指出利息是对人们放弃流动性的报酬。凯恩斯指出："利息率不能是储蓄的报酬或被称之为等待的报酬。因为，如果一人把他的储蓄以现款的形式贮藏起来，虽然他的储蓄量和不以此方式保存的储蓄量完全相同，但他却赚不到任何利息。恰恰相反，仅凭利息率的定义本身就能告诉我们，利息是在一个特定期间内放弃流动性的报酬。"[①]

与流动性偏好相关的一个概念是流动性陷阱。凯恩斯认为投机性货币需求是指经济主体为了以较低的价格购买证券而持有的货币。依据收益资本化原理，利率与证券价格之间存在反向变化的关系。如果利率较高，则证券价格较低，人们预期证券的价格将上涨，则会购入证券，投机性货币需求将减少；反之，如果利率水平较低，证券价格较高，人们预期未来证券的价格会下降，所以持有货币以在证券价格下跌时购入证券，因此这种货币需求是投机性的，即持有货币的目的是等待时机买入低价格的证券。当利率下跌至一个非常低的水平，即证券价格非常高时，为了避免损失，经济主体将有价证券全部卖出以持有货币，投机性货币需求的利率弹性无穷大，这种情形被称为"流动性陷阱"。在此时，无论货币数量如何增加，利息率也不会下降，通过增加货币供应量来降低利率促进投资的政策失效。

凯恩斯认为利息是放弃流动性的报酬。一方面，凯恩斯的这一分析假定了货币供给外生，货币供给方为货币需求方提供资金，但是，在现实中，货币供给在很大程度上是内生的，存款由贷款创造。因而，真正的"流动性陷阱"不是货币持有方不愿意为了如此低的利率放弃货币的流动性，而是即使利率如此之低，也没有人愿意贷款（借钱），这显然与凯恩斯所说的由于悲观预期导致的资本边际效率下降有关。另一方面，即使货币持有方为货币需求方提供货币，基于流动性偏好的利率决定论只表明了货币供给方放弃货币需要得到利息，但并没有分析货币需求方愿意付出利息的原因，因而，基于流动性偏好的利率决定论是一种单方利率决定论。

第二节 有效需求不足原理的内涵、影响及缺陷

一、有效需求不足原理的内涵

《通论》旨在解析社会失业问题，为通常情况下就业量的决定提供论证，但其主要新意及其中心思想却是有效需求理论。凯恩斯在《通论》的序言中说，他的这本新著，不同于他前期的《货币论》，"与此相反，本书已经演化成为一本主要研究什么力量或因素决定整个社会产量和就业量的改变的著作。"[②]凯恩斯认为，"就业量决定于总需求函数与总供给函数的交点，因为在这一点，企业家的预期利润会达到最大化。总需求函数与总供给函数相交时的数值被称为有效需求。这就是就业通论的实质内容。"[③]从《通

---

① 凯恩斯.就业、利息和货币通论.高鸿业，译.北京：商务印书馆，1999：171.
② 凯恩斯.就业、利息和货币通论.高鸿业，译.北京：商务印书馆，1999：2-3.
③ 凯恩斯.就业、利息和货币通论.高鸿业，译.北京：商务印书馆，1999：30.

论》全书的体系特点来说，第一篇《引论》第三章的题名是"有效需求原理"，该章概括了全书展开的就业理论要点，其后各章节的大部分内容都是围绕这一原则展开。可见，有效需求理论是《通论》的中心思想，从而是把握凯恩斯理论的关键或核心。

有效需求原理的主要内容是：总就业量决定于总需求，失业由总需求不足造成。当就业增加时，收入也增加。社会实际收入增加时，消费也增加，但后者增加的不及前者增加的多，这就使两者之间出现了差额。由于总需求由消费需求和投资需求构成，因此，收入与消费之间的差额必须由投资来弥补。也就是说，在消费既定的情形下，除非投资增加，否则就业量无法增加。具体来说，有效需求理论的要点是：

第一，有效需求原理的因变量为：以工资单位来衡量的就业量和国民收入（或国民所得）；自变量为：消费倾向、资本边际效率以及利息率；既定的因素为：现有的技术和劳动量、现有设备的质量和数量、现有的技术水平、竞争激烈的程度、消费者偏好和习惯、不同强度劳动的负效用、监督与组织活动的负效用以及社会结构。[①]

第二，总收入决定于总就业量。在技术、资源和成本均为既定的情况下，收入取决于就业量。

第三，消费决定于收入水平，从而决定于总就业量。凯恩斯认为"社会的收入和社会所愿意消费的数量之间的关系取决于社会的心理特征；这个关系被我们称为社会的消费倾向。就是说，除了消费倾向本身发生变化以外，消费取决于总收入水平，从而取决于总就业量。"[②]

第四，总就业量决定于有效需求，有效需求由消费需求与投资需求两部分构成。在均衡时，总需求等于总供给，总供给超过消费需求的部分就是投资需求。因此，就业量决定于总供给函数、消费倾向、投资量。

第五，总供给函数主要决定于供给的物质条件，它和消费倾向都相对稳定，因此就业波动主要源于投资量的变化。

第六，投资量决定于资本边际效率与利率。资本边际效率决定于预期收益和资本的重置成本；利率决定于货币数量和流动性偏好状态。

第七，有效需求由消费需求和投资需求两部分构成，所谓消费需求是指社会对消费资料的需求，它是由人们的消费倾向这个心理因素决定的；所谓投资需求是社会对生产资料的需求，它主要是由对"资产未来收益的预期"和"流动性偏好"这两个基本的心理因素决定的。

凯恩斯认为，在既定的消费倾向和新投资量的情况下，只存在着一个均衡水平的就业量。因为任何其他水平都会导致全部产量的总供给价格和总需求价格之间的差异，即供大于求或求大于供的情况，从而使就业量减少或增加。凯恩斯指出："在一般情况下，也没有理由来期望均衡水平的就业量等于充分就业，因为与充分就业相对应的有效需求是一种特殊事例：只有当消费倾向和投资诱导之间处于一种特殊关系时，该有效需

①　凯恩斯．就业、利息和货币通论．高鸿业，译．北京：商务印书馆，1999：254.
②　凯恩斯．就业、利息和货币通论．高鸿业，译．北京：商务印书馆，1999：34.

求才能得以实现。"①也就是说，在通常情况下，社会的有效需求是不足的，即不能保证经济处于充分就业状态。

为什么会存在有效需求不足呢？凯恩斯把它归因于人们的"心理上的消费倾向""心理上对资产未来收益的预期"和"心理上的流动性偏好"这三个基本的心理因素。由于消费与收入存在着这样的函数关系：消费由收入（即所得）决定，收入发生增减变化，消费也随着发生增减变化，但在每单位的收入增量中，用于消费的比重越来越小，用于储蓄的比重则越来越大，因而出现边际消费倾向递减这种现象。又由于随着投资的增加，新增添的资本设备的成本（即供给价格）将上升，但资产设备预期的收益将下降，从而随着投资的增加，会引起资本边际效率下降。资本边际效率有一个最低限额，就是它不能低于利息率。凯恩斯认为，利息是放弃货币流动性的报酬。流动性偏好的作用使得利息率不能降到太低，一旦资本边际效率低于利息率，就会对投资者失去投资的引诱力，导致投资的需求不足，因而消费需求不足和投资需求不足构成社会的有效需求不足，也就不能提供充分的就业量，因而失业是不可避免的。

简单来说，凯恩斯关于有效需求不足的核心观点是：边际消费倾向递减规律使消费相对于收入不足，即随着收入的增加，消费与收入之间的缺口越来越大；但是如果投资能够弥补这个缺口，也可以使总供给与总需求平衡，保持充分就业状态。投资是否增加取决于资本边际效率是否高于利率。由于利率的下降有个底线，即流动性陷阱状态的利率水平，利率达到了最小值，无法继续下降，而一旦资本边际效率下降到这一水平，投资达到了最大值，将不会增加。此时，如果投资数量不能吸收收入与消费的差额，经济将处于低于充分就业水平的有效需求不足状态。

对于如何根治有效需求不足促进就业，凯恩斯依据有效需求不足的理论逻辑提出了自己的主张。一是提高边际消费倾向以促进消费增加。凯恩斯认为"在这种情况下，真正治疗方法是通过收入再分配或其他方法提高消费倾向，从而，维持一定水准的就业量所需要的现行投资量具有较小的数值。"②至于用什么办法重新分配收入所得，他说："自19世纪末叶以来，所得税、超额所得税、遗产税等直接税，在消除财富及所得之绝大差异方面已有长足进步，尤以英国为然，许多人都愿意这个办法再推进一步。"③这表明，凯恩斯认识到只依靠改变特定收入下的边际消费倾向比较缓慢而且难度较大，因而转向通过调整收入分配的方式以促进整体消费倾向的提高，因为富人的消费倾向低于穷人，当收入均等化时，显然整体消费倾向将提高，同时也会加大投资的乘数效应。

二是消灭食利阶层以促进投资增加。投资增加的必要条件是资本边际效率大于利息率，因而，促进投资增加的方式要么是提高资本边际效率，要么是降低利率。凯恩斯指出："要恢复资本边际效率并不那样容易，因为，资本边际效率在目前系由无法控制的和不服从的工商业界的心理状态所决定。用普通的语言来说，在个人行为自己做主的资

① 凯恩斯. 就业、利息和货币通论. 高鸿业，译. 北京：商务印书馆，1999：33.
② 凯恩斯. 就业、利息和货币通论. 高鸿业，译. 北京：商务印书馆，1999：338.
③ 凯恩斯. 就业、利息和货币通论. 高鸿业，译. 北京：商务印书馆，1999：387.

本主义经济中，信心的恢复远非控制所能奏效。"①也就是说，凯恩斯认为资本边际效率的崩溃使萧条难以治理，但要恢复投资者的信心进而提高资本边际效率非常困难。基于资本边际效率难以提高，凯恩斯将调控的目标转向了利率，提出消灭食利阶层，使利率降为零。他指出："在我看来，当资本主义的食利者阶级的这一方面完成了它的任务以后，它会作为一个过渡阶段而消失掉。一旦它的食利者阶级的方面消失掉，资本主义的其他方面会有重大的改变。"②在此种情形下，只要资本边际效率大于零便可以促进投资的增加。

但是，无论是收入均等化还是消灭食利阶层都是凯恩斯依据有效需求不足的理论逻辑推导，在具体的实践中显然很难实行，因为与资本主义的本质相违背。既然从私人层面提高消费或投资都面临重重困难，因而凯恩斯将目光从私人部门转向了政府，即通过政府投资来弥补总供给与总需求之间的缺口。凯恩斯指出："在自由放任的经济体制的条件下，除非投资市场的心理状态使自己做出毫无理由的巨大逆转，要想避免就业量的剧烈波动是不可能的。我的结论是：安排现行体制下投资的责任绝不能被放置在私人手中。"③他具体解释道："有鉴于资本边际效率日益为甚的下降，我支持旨在由社会控制投资量的政策。"④"我感觉到，某种程度的全面的投资社会化将要成为大致取得充分就业的唯一手段。"⑤至此，主张政府在经济萧条中应主要通过扩张性的财政政策来干预经济的凯恩斯经济学理论和政策也就基本形成了。

凯恩斯强调政府投资在治理经济萧条中的作用，而不主张运用货币政策。凯恩斯认为，首先，货币供给增加不一定能导致利率下降。他认为；"货币是刺激经济制度活跃起来的酒，那么，我们必须提醒自己，在酒杯和嘴唇之间还有几个易于滑脱的环节。其原因在于：其他条件相同，虽然货币数量的增加可能使利息率下降，但是，如果人们的流动性偏好的增加大于货币数量的增加，那么，货币数量增加就不能使利息率下降。"⑥在这里，凯恩斯提到了货币政策不起作用的第一个环节，即由于流动性偏好的存在，当LM曲线水平时，货币供给量增加不会导致利率下降；第二个环节为，即使利率下降，如果资本边际效率下降得更多，也不能增加投资量，即IS曲线处于垂直状态，投资对利率变化不敏感；第三个环节为，即使利率下降导致了投资的增加，但也伴随着消费倾向的降低，投资的增加被消费的减少所抵消，从而不能提高就业量，即IS曲线的斜率发生变化，使IS与LM的交点不会由于扩张货币数量而发生变化；最后一个环节为，如果就业量的增加导致了价格水平的上涨，那么，为了满足流动性偏好，维持一定数值的利息率所需要的货币数量必须加大，即相较于价格水平不变，在货币供给增加导致价格水平上涨的情形下，货币数量必须增加更大的数量才能达到预期的利率水平。

---

①　凯恩斯. 就业、利息和货币通论. 高鸿业，译. 北京：商务印书馆，1999：331.

②　凯恩斯. 就业、利息和货币通论. 高鸿业，译. 北京：商务印书馆，1999：393.

③　凯恩斯. 就业、利息和货币通论. 高鸿业，译. 北京：商务印书馆，1999：334.

④　凯恩斯. 就业、利息和货币通论. 高鸿业，译. 北京：商务印书馆，1999：339.

⑤　凯恩斯. 就业、利息和货币通论. 高鸿业，译. 北京：商务印书馆，1999：394.

⑥　凯恩斯. 就业、利息和货币通论. 高鸿业，译. 北京：商务印书馆，1999：178.

二、有效需求不足原理的理论影响

(一) 强调了预期对经济周期的作用

在理论价值方面，凯恩斯的有效需求不足理论为理解经济周期提供了新的视角，强调了资本边际效率在经济波动中的关键作用。他认为在经济繁荣后期一般人对资本品未来收益作乐观预期，同时成本和利率也随之上升，这时投资必然导致资本边际效率下降，从而投资吸引力减弱且人们对货币流动性偏好加强，结果使得投资大幅度下降，经济危机爆发。

希克斯在应凯恩斯所邀撰写的一篇名为"凯恩斯先生的就业理论"的书评中，对凯恩斯经济学思想大加赞赏，并提出凯恩斯的新理论可以与杰文斯的边际效用革命媲美，希克斯在这篇文章中还特别指出，从纯理论的观点看，预期方法的使用，也许是这本书最具革命性的地方。[1] 与维克塞尔、米塞斯、哈耶克等经济学家从利率进而价格的变动来解释经济周期性波动不同，凯恩斯从经济主体的心理状态出发，另辟蹊径，用资本边际效率这一变量完整地解释了他的经济周期理论。凯恩斯在他的全书总结中写道："但我认为，经济周期的基本特征，特别是能使我们称之为周期的时间过程和时间长短的规律性，主要是由于资本边际效率周期性的波动。我相信，经济周期最好应当被认为是由资本边际效率的周期性变动所造成的。当然，与这种变动相关的经济体系中其他重要的短期变量会使之更加复杂乃至更加严重。"[2]虽然凯恩斯也承认，在有些时候，利息率的上升因素确实可以使事态更为严重，但是，他认为："对危机更典型的而且往往是起决定性的解释是，主要不是利息率的上升，而是资本边际效率的突然崩溃。"[3]

与资本边际效率相对应，凯恩斯指出了"信心"和"信用状态"对经济周期的影响。凯恩斯认为"影响投资量大小的下列两个因素并不是全然无关的，即资本边际效率和信心状态。信心状态之所以重要，在于它是决定前者的主要因素之一，而前者和投资需求曲线是同一事物。"[4]在凯恩斯看来，投资者对未来预期反映的是投资者的信心，而贷款机构对它的借款人的信心，则是"信用状态"，即信用状态也是一种信心。凯恩斯指出："投资信心和信用状态二者之中任何一个的低迷不振便足以造成股票价格崩溃，从而给资本边际效率带来灾难性的后果。虽然二者之中的任何一个减弱均足以造成经济崩溃，然而，经济复苏却要求二者同时上扬。因为，信用的衰微足以造成经济崩溃，但是，它的加强，却是复苏的必要条件，而不是充分条件。"[5]

凯恩斯在此处提到了股票价格这一中间变量，事实上抛开股票价格变化，信心对于资本边际效率也具有直接与重要的影响。当预期减弱时，显然会低估未来的收入，从而

---

① 韦森. 重读凯恩斯. 上海：上海三联书店，2023：63.

② 凯恩斯. 就业、利息和货币通论. 高鸿业，译. 北京：商务印书馆，1999：327.

③ 凯恩斯. 就业、利息和货币通论. 高鸿业，译. 北京：商务印书馆，1999：329.

④ 凯恩斯. 就业、利息和货币通论. 高鸿业，译. 北京：商务印书馆，1999：153.

⑤ 凯恩斯. 就业、利息和货币通论. 高鸿业，译. 北京：商务印书馆，1999：162.

导致资本边际效率下降。至于股票价格对资本边际效率的影响，可能的机制是：股票价格下降往往是源于人们预期现有企业未来收益下降，因为"资本边际效率部分地取决于既定的因素，部分地取决于不同种类的资本资产的预期收益。"[①]当其他资本资产预期收益下降时，显然会对新增投资的预期收益产生负面影响。凯恩斯指出："然而，证券交易所每日的重估价，虽然其目的主要在于为旧有的投资在个人间的转手提供方便，却对现在进行的投资量无可避免地施加决定性的影响。因为如果建立一个新企业的费用大于购买一个类似企业的费用，那么就没有理由去建立该新企业。与此同时，如果看上去像耗资巨大的投资项目的股票能在证券市场售卖出去并且还能获得利润，那么，这种投资就具有吸收力。"[②]

凯恩斯关于证券市场价格变化对实体投资影响的分析，深化了存量（现有企业）与流量（新增投资）、证券与实体之间关系的认识。托宾在此基础上，提出了托宾 Q 理论。托宾 Q，也称为托宾 Q 比率或托宾 Q 值，是指企业股票市场价值与其资产重置成本的比值。该比值的大小会影响实体经济的投资，例如，当 Q 值小于 1 时，人们往往不愿意从事新增投资，而是收购既有企业，反之亦然。同时，托宾 Q 还提供了货币政策通过资本市场影响实体经济的一种可能机制。

（二）对未来的研究产生了广泛深远的影响

《通论》在 1936 年 2 月出版之后，得到了许多剑桥经济学家的支持与赞誉。希克斯在 1937 年发表在《计量经济学杂志》上的《凯恩斯先生与"古典经济学"：一个建议性的解释》一文中，最先给凯恩斯思想的传播定制了 IS-LM 模型的基本框架，克莱因于 1948 年提出了今天广为人知的"凯恩斯革命"之说。

首先，《通论》的出版导致了两个经济学流派的产生，即新古典综合派和新剑桥学派。新古典综合派以萨缪尔森为代表，试图将凯恩斯的宏观经济学与古典经济学的微观部分结合起来，形成一个完整的经济学体系。该学派强调政府干预与市场机制结合，主张通过财政政策与货币政策移动总需求曲线，使之到达充分就业状态，然后再由市场机制发挥资源配置功能。新剑桥学派以罗宾逊夫人为代表，该学派扩展了凯恩斯关于收入分配调整的观点，强调重新恢复李嘉图的传统，建立一个以客观价值理论为基础，以分配理论为中心的理论体系。该学派反对新古典学派的均衡分析方法，主张树立历史时间概念，强调经济分析中的不确定性和动态性，以及收入分配的重要性。

其次，希克斯与汉森通过引入货币市场将只考虑商品市场的简单凯恩斯模型——NI-AE 模型扩展为 IS-LM 模型，以考察两种市场同时均衡下的国民收入和利率决定。IS-LM 模型为宏观经济政策分析提供了有力的工具，该模型直观地显示了不同的政策对国民收入和利率的影响，从而为政策制定提供了决策依据。另外，该模型也揭示了产品市场和货币市场之间的内在联系和相互作用机制。

第三，哈罗德和多马在 20 世纪 40 年代基于凯恩斯的有效需求理论，对其进行了长

---

① 凯恩斯. 就业、利息和货币通论. 高鸿业，译. 北京：商务印书馆，1999：255.

② 凯恩斯. 就业、利息和货币通论. 高鸿业，译. 北京：商务印书馆，1999：155.

期化和动态化的扩展，以解释经济周期和保持经济长期稳定增长的条件。哈罗德-多马模型强调了资本积累在经济增长中的决定性作用，奠定了现代经济增长理论的基本框架，对之后的经济增长理论产生了深远的影响。

第四，弗里德曼与莫迪利安尼在凯恩斯的消费函数，即绝对收入假说的基础上，分别提出了持久收入假说与生命周期假说。这两个假说深化了对消费行为影响因素的认识，被广泛用于分析消费者行为、制定经济政策以及预测经济走势等方面。

三、有效需求不足原理的理论缺陷

(一) 凯恩斯采用的是短期静态分析方法

从短期静态看，政府投资的增加的确可以弥补总供给与总需求之间的缺口，但是，作为本期需求力量的投资在下一期是一个供给力量，使产出增加，只能使失业问题更为严重。凯恩斯指出："然而，很不幸，我们的收入越多，我们的收入与消费的差距越大……随着资本存量的增加，使资本投资超过资本负投资的数量大到能够足以补偿净收入与消费之间的差额成为日益困难的问题……当我们每一次通过投资的增加来取得二者的相等时，我们就加重了二者在明天等同的困难。"[1]也就是说，如果政府不增加今天的投资，则今天的充分就业均衡就法实现，然而由于今天投资增加所引起的明天产出更大，明天的收入与消费之间的差距比今天更大，弥补起来更加困难。由此可以看出，凯恩斯实际上承认了增加投资的两难处境。美国《每周评论》在1974年4月号发表了一篇题为"凯恩斯自食恶果"的文章，把用凯恩斯主义的方法刺激经济比喻为"就像一条漏气的轮胎，要使不致瘪下去乃至完全跑光，就必须不停地往里打气。但是轮胎和它的漏洞两者都随着时间消逝而愈益增长，因而就要有一个越来越有力的打气筒。"这个比喻和凯恩斯的以上论述基本是一致的，都表明由凯恩斯的理论得出的政策建议面临着动态困境。

(二) 从微观视角分析宏观现象

凯恩斯在论证有效需求不足时，多次用微观思维分析宏观问题。例如，边际消费倾向递减规律就是一种从微观视角出发得到的结论。站在微观个体的角度，随着收入的增加，消费也在增加，但在增加的收入中，用于消费部分的增加所占比重会越来越少，这一结论具有合理性，也符合直觉；但从宏观的角度，整体消费占国民收入的比例必须考虑总产出结构，即消费品与资本品的数量。如果不考虑国际贸易及价格的影响，当产出结构更偏向于消费品时，总体的消费率是高的，同理，当产出结构更偏向于资本品时，总体的消费率则是低的。因而，总体的消费率与微观个体的消费倾向具有不同的决定因素。

再例如，凯恩斯关于投机性货币需求的分析同样存在微宏不分的问题。在凯恩斯看来，如果利率水平较低、证券价格较高，则人们倾向于持有货币，以等待证券价格下跌

---

① 凯恩斯. 就业、利息和货币通论. 高鸿业，译. 北京：商务印书馆，1999：110-111.

时买入证券。但在宏观上，即使利率很低，证券价格很高，也会有经济主体在持有证券，同理，即使利率很高，证券价格很低，也会有人持有货币。也就是说，从宏观角度看，既定量的证券或货币肯定会有人持有。显然，投机性货币需求只是站在了微观主体的角度来分析货币的持有量，只考虑到了一方的货币量变化，而没有考虑到经济主体之间或交易双方之间的货币或证券转移。在凯恩斯之后，货币投机需求理论也得到了一定发展，但并没有脱离微观思维的误区，如托宾的最优金融资产组合理论，也继承了人们对未来利率预期的变化会影响货币需求量及证券持有量的思想，认为利率越高，债券的预期收益越高，货币持有量比例就越小。事实上，除非存在货币创造或证券发行，否则，无论利率如何变化，都不会使总体的货币量与证券量发生变化。

(三) 假定货币供给外生

在假定货币供给外生时，货币供给增加会使人们增加对证券的购买，证券价格上升，利率会下降，从而促进投资，导致国民收入增加。在国民收入增加吸收的货币与增加的投机性货币之和等于新增货币供给时，货币市场又达到了新的均衡点。由此可见，货币供给增加是通过债券购买、债券价格、利率、投资、收入这一系列环节使货币市场重新均衡。这一路径也揭示了货币对经济的作用机制。但是，在现实中，是投资增加导致贷款增加，因而存款增加，存款计入货币，所以货币供给增加。从这个角度看，流动性陷阱不是在如此低的利率水平下人们不愿意将货币借出，而是即使利率如此之低，人们也不愿意贷款，从而货币供给不能相应增加。究其原因，凯恩斯在《通论》中没有论及商业银行，也就忽略了商业银行在货币内生性创造中的作用。

(四) 忽视结构与效率

凯恩斯理论的一个潜在缺陷是过分关注总量平衡，而忽视了结构平衡的重要性。马克思在《资本论》中详细分析了社会总资本再生产，将其分为生产资料再生产与消费资料再生产两大部类，并强调了"价值补偿"与"实物补偿"两个平衡的重要性。其中，"价值补偿"对应于总量平衡，而"实物补偿"则对应于结构平衡。总量平衡并不能保证结构平衡，而结构失衡必然导致总量失衡。凯恩斯强调用政府投资弥补总供给与总需求的缺口，而未论及应在哪些领域进行投资才更利于经济的复苏及长期增长。

另外，在凯恩斯眼中，投资乘数是投资效率的体现，但是效率的衡量是复杂的。尤其他所主张的政府干预很可能导致价格信号失真，从而导致资源配置偏离最优状态。显然，这与凯恩斯主要关注短期内的就业问题有关。长期经济增长依赖于技术进步、人力资本积累和生产效率提升等因素。然而，凯恩斯过于强调短期刺激，而忽视了这些长期因素的重要性。

☞ **思考题**

1. 简述凯恩斯有效需求不足原理的理论逻辑。
2. 简述凯恩斯强调心理因素的理论及现实意义。

3. 边际消费倾向递减规律能够用于宏观分析吗？为什么？

4. 为什么资本边际效率递减被称为心理规律？它影响经济波动的机制是什么？

5. 简述资本边际效率与流动性偏好之间的关系。

6. 在货币供给内生时，还存在流动性陷阱吗？为什么？

7. 目前主要用 M2 衡量货币供给量，凯恩斯认为的货币是 M2 吗？

第八章 投资乘数

投资乘数代表投资拉动国民收入增加的效果。本章首先介绍了单一商品市场情形下基于 NI-AE 模型的投资乘数，其次，引入货币市场并基于 IS-LM 模型分析了投资乘数的影响因素，最后，再引入要素市场并基于 AD-AS 模型探讨了价格水平变化对投资乘数的影响机制。

第一节 单一商品市场情形下的投资乘数

凯恩斯在《劳合·乔治能办到吗?》的小册子中涌现出具有"革命"因素的一系列新思想：如在调节目标方面，已经从稳定物价水平转向直接增加就业；在调节领域方面，已经从传统的货币调节转向财政干预；在调节主体方面，已经从中央银行体系融通资金转向政府，特别是财政部拨款进行公共工程投资。与此同时，凯恩斯对此方案的"疗效"，描绘了"乘数思想"，但论证只局限于常理推断，缺乏深刻的理论依据。[①] 受凯恩斯的启发，卡恩在 1931 年发表的《国内投资和失业之间的关系》一文中对凯恩斯的乘数思想进行了深入系统的分析，并进行数学推导，制成公式，提出了公共工程投资所引起的就业倍增效应，即投资的就业乘数，使凯恩斯原来隐约表达的乘数思想得以明朗化。

凯恩斯继续将投资对就业的乘数效应扩展到投资对国民收入的乘数效应。凯恩斯指出："实际收入的波动是那种把不同数量的就业量（即不同数量的劳动者单位）运用于既定数量的资本设备而造成的收入波动，从而，实际收入随着所使用的劳动者单位数量的增减而增减。"[②]也就是说，基于就业波动与实际收入波动的因果关系，可知乘数同样也可以被用于描述投资增加与国民收入增加的数量关系。另外，凯恩斯提出了消费倾向这一概念，从而为准确计算乘数的大小提供了理论依据。凯恩斯指出："如果在各种设想的情况（以及其他一些条件）下，消费倾向都具有既定的数值，如果国家的货币管理当局或其他的领导机关采取行动来刺激或阻挠投资，那么，就业量的增减会是投资量的净增减的函数。"[③]

乘数，更准确的名称是投资乘数，其基本内涵与机制是，增加投资会增加投资所需生产要素提供方的收入，比如工资、利润及其他收入，而增加收入的经济主体会将这部分收入用于消费，这部分消费又转化为消费品出售方的收入。这种收入转化为消费、消

---

① 刘涤源．凯恩斯经济学说评论．武汉：武汉大学出版社，1997：182-183．

② 凯恩斯．就业、利息和货币通论．高鸿业，译．北京：商务印书馆，1999：118．

③ 凯恩斯．就业、利息和货币通论．高鸿业，译．北京：商务印书馆，1999：117．

费转化为收入的过程一直进行到转化规模趋于零为止。此时，初始投资的增加可以导致最终收入的成倍增加，倍数的数值便是投资乘数。例如，当企业投资支出 100 万元建造车间时，车间所需生产要素的提供方会得到 100 万元的收入，假设这些要素提供方的边际消费倾向为 0.8，则他们会支出 80 万元来购买消费品。这些消费品的销售方又会得到 80 万元的收入，如果他们的边际消费倾向也是 0.8，他们又会支出 64 万元即 80 万元的 0.8。依此类推，每一次的新支出都是上一次支出的 0.8。因此，最初 100 万元的投资增加额导致了一系列次级的消费支出与收入增加，最终使得国民收入成倍增加。依据等比数列可知，此例中的乘数为 5，即 100 万元的投资增加可以导致 500 万元的国民收入增加。

投资乘数的大小会由于约束条件的不同而不同。因此，在不同的假设条件下，投资乘数也会有所差异。我们知道，收入-支出模型（NI-AE 模型）、投资-储蓄与流动性偏好-货币供给模型（IS-LM 模型）、总需求-总供给模型（AD-AS 模型）是宏观经济理论的三个模型。这三个模型的区别在于假设条件的差异，即经济运行的约束条件发生变化后，用以刻画宏观经济运行的模型也会相应发生变化。粗略地看，NI-AE 模型只考虑商品市场，即假定商品市场不受货币市场与要素市场的约束，从而利率与价格水平保持不变；IS-LM 模型放宽了 NI-AE 模型的假设条件，引入了货币市场，即取消了商品市场运行不受货币市场约束的假定，从而利率可变，但价格水平仍然不变；AD-AS 模型在 IS-LM 模型的基础上继续放宽假定，引入了要素市场，即取消了价格水平不变的假定。因此，从单一的商品市场到商品市场与货币市场两个市场，再到商品市场、货币市场、要素市场三个市场，其实质是不断放宽假设条件，使理论模型更准确地反映经济运行的真实状态。

一、NI-AE 模型的理论假定

(一) 资源闲置与价格水平不变

在短期内，经济中往往存在未被充分利用的资源，包括劳动力、机器设备等。由于存在资源闲置，经济具有提供额外产出的潜力。这种潜力使得总供给在短期内表现为"无限"。一方面，企业不必提高生产要素的价格便可以吸纳经济资源进行生产，另一方面，价格机制是僵化的、不易变动的，包括劳动力市场的工资刚性和产品市场的价格刚性，即使存在失业或生产过剩，工资和价格也不会迅速下降。在以上两个方面的作用下，价格水平保持不变，即总供给曲线是水平的，表示无论总需求如何增加，经济都能够在既定的价格水平下提供相应的产出，而不会受到生产能力的限制。

(二) 总支出 (总需求) 决定经济产出

由于总供给在既定价格水平上可以无限增加，依据短边原则，均衡的国民收入完全由总支出（总需求）决定。总支出包括居民的消费支出和企业的投资支出。当总支出（总需求）等于总收入时，经济达到均衡状态。当两者不相等时，依靠数量（存货）调整而不是价格调整，使之回到均衡状态。

(三) 投资外生与利率不变

投资由多种因素决定，包括利率、资本边际效率、投资者信心等。在 NI-AE 模型中，投资被视为外生的，即不受这些因素的影响。另外，在 NI-AE 模型中，利率水平不变，即商品市场不受货币市场的约束，因而在自发投资增加时，不会引起利率的上升，也就不存在挤出效应。

二、简单投资乘数

在仅考虑商品市场情形下，可以用 NI-AE 模型说明简单投资乘数发挥作用的原理及大小的决定因素。在只包含家庭和企业的两部门经济体中，不存在政府和对外贸易，只有家庭部门(居民)和企业部门(厂商)，消费行为和储蓄行为都发生在家庭部门，生产和投资都发生在企业部门。此时，总支出 AE 包含居民消费支出和企业投资支出两部分。居民消费支出 (C) 可以表示为：

$$C = \overline{C} + cY \tag{8-1}$$

其中，$\overline{C}$ 表示居民的自发支出，c 表示居民的边际消费倾向。企业的投资支出(I) 可以表示为：

$$I = \overline{I} \tag{8-2}$$

即投资外生，不受其他因素影响。此时总支出 AE 的表达式为：

$$AE = \overline{C} + cY + \overline{I} \tag{8-3}$$

计划总支出与总产出相等的点代表生产出来的商品正好被市场上的总支出所吸收，没有过剩也没有短缺，产品市场达到均衡。当计划总支出小于总产出时，意味着总需求不足，则企业会因库存积累而减少生产，经济进入衰退；反之，如果计划总支出大于总产出，额外的需求会促使企业增加生产。

通过收入-支出模型可以推导出简单投资乘数的表达式，如图 8.1 所示。

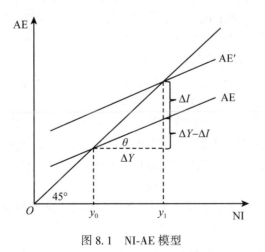

图 8.1　NI-AE 模型

当外生的投资增加 ΔI 时，总支出由 AE 变为 AE'。在存货调节的作用下经济达到新的均衡，NI 与 AE' 交于 y_1，国民收入增加量（ΔY）为 $y_1 y_0$。利用几何法，$\tan\theta = \dfrac{\Delta Y - \Delta I}{\Delta Y}$，$\tan\theta$ 为边际消费倾向 c，即 $\Delta Y = \dfrac{1}{1-c}\Delta I$，$\dfrac{1}{1-c}$ 则是投资乘数。其中，$1-c$ 表示边际储蓄倾向，α 表示投资乘数。投资乘数原理可用数学式表示为：

$$\alpha = \frac{1}{1-c} \tag{8-4}$$

它的含义是：当投资增加 ΔI 时，宏观经济均衡时国民收入会增加 $\dfrac{1}{1-c}\Delta I$。

此外，依据公式（8-3），在均衡点时，AE = Y，解得：$Y = \dfrac{1}{1-c}(\overline{C} + \overline{I})$，可以看出投资乘数与几何法推导结果同为 $\dfrac{1}{1-c}$，即当投资增加 ΔI 时，宏观经济均衡时国民收入会增加 $\dfrac{1}{1-c}\Delta I$。

三、边际消费倾向的影响因素

依据简单投资乘数的表达式，可知其大小只决定于边际消费倾向，因而简单投资乘数与边际消费倾向的影响因素是相同的。具体而言，简单投资乘数或边际消费倾向受以下因素的影响。

1. 投资和储蓄的决定是否相互独立。按凯恩斯的本意，投资主要受企业对未来收益的预期、资本边际效率以及利率的影响，而储蓄则主要由个人的收入和边际储蓄倾向决定。如果投资和储蓄高度相关或相互依赖，那么投资增加并不会带来预期的收入增加效果，因为当投资增加时，如果储蓄也相应增加并导致消费减少，这会降低边际消费倾向，削弱简单投资乘数的效果。

2. 边际消费倾向是否线性且稳定。边际消费倾向是线性且稳定指的是，随着收入的增加，人们会按照一个固定比例增加消费，且这个比例保持不变。如果边际消费倾向递减，那么随着收入增加边际消费倾向将变小，这显然会降低投资乘数。凯恩斯认为："此外，如果我们所考虑的是数量相当大的投资变动，那么，我们必须计入随着数量的变动而发生的边际消费倾向的变动，从而也必须计入乘数的变动。边际消费倾向并不是在一切就业量水平上保持不变，而且，一般说来，当就业量增加时，边际消费倾向趋向于减少。就是说，当实际收入增加时，社会愿意逐渐减少收入被用于消费的比例。"[1]这表明，如果在投资增加导致国民收入增加的过程中，边际消费倾向递减规律发挥作用，那么，同恒定的边际消费倾向相比，简单投资乘数将变小，即 AE 曲线不是二阶导数等于零的直线，而是二阶导数小于零的曲线。

3. 经济是否开放。简单投资乘数理论通常在封闭经济的框架下讨论，即不考虑国

---

① 凯恩斯 . 就业、利息和货币通论 . 高鸿业，译 . 北京：商务印书馆，1999：125.

际贸易的影响，这意味着国内产出的增加完全由国内消费和投资驱动，不直接涉及进口或出口的变化。如果考虑国际贸易因素，简单投资乘数可能会减小。凯恩斯指出："在一个具有对外贸易的开放经济制度中，增加投资的乘数作用的一部分会被消耗于提高外国的就业量，因为，增加的消费量的一部分会减少我们自己国家的贸易顺差；从而，如果我们所考虑的仅仅是国内的，而不是整个世界的就业量，那么，我们必须降低计算出的乘数的数值。"[1]在这里，凯恩斯分析国际贸易的影响，即当由于投资的作用使一国收入增加时，收入的增加量会部分地被用于购买国外产品，而不是假定只购买国内产品，从而降低了投资乘数。不过，凯恩斯又结合国与国之间的关联效应，指出这种购买国外产品的行为也会对购买国产生有利的影响，即国外收入的增加会反过来增加对本国产品的需求。他说道："另一方面，通过乘数作用在外国所引起的经济活动的增加对我们国家的有利反响，我们可以回收这种溢漏的一部分。"[2]这反映了凯恩斯运用系统性和全面性思维分析经济现象的特点。

总的来说，简单投资乘数抽象掉了制约投资乘数的其他因素，只说明了边际消费倾向对投资乘数的影响。因此，需要逐步放宽理论假定，使假定更接近现实，以提高投资乘数理论的解释力。

第二节　商品市场与货币市场下的投资乘数

NI-AE 模型只分析了商品市场的均衡，即投资与国民收入的变动不受货币市场与要素市场的影响，从而利率与价格水平保持不变。希克斯（John Richard Hicks）在 1937 年发表的《凯恩斯先生与"古典学派"》中提到，凯恩斯与"古典学派"两者在利率与国民收入水平之间的关系问题上均有缺陷，但可以相互补充。希克斯引入货币市场，利用一般均衡分析方法，用"IS-LM 曲线"完善凯恩斯理论，汉森（Alvin Hansen）把希克斯这一观点进一步发挥，形成了著名的"IS-LM 模型"。

一、IS 曲线

IS 曲线描述产品市场均衡，I 代表投资，S 代表储蓄。IS 曲线上的点表示产品市场达到均衡时的利率和国民收入的组合。IS 曲线的推导基于凯恩斯的有效需求理论，其理论假定为价格水平外生给定、两部门经济（即总支出由家庭部门的消费和企业部门的投资组成），家庭部门消费的表达式为：

$$C = \bar{C} + cY \tag{8-5}$$

其中，$\bar{C}$ 为自发消费，c 为线性且稳定的边际消费倾向。企业部门投资的表达式为：

$$I = \bar{I} - bi \tag{8-6}$$

其中，$\bar{I}$ 为自发投资，i 为利率，b 为投资对利率的敏感度。考虑到商品市场均衡条件

① 凯恩斯. 就业、利息和货币通论. 高鸿业，译. 北京：商务印书馆，1999：124-125.
② 凯恩斯. 就业、利息和货币通论. 高鸿业，译. 北京：商务印书馆，1999：125.

AE $=Y$，运用公式(8-5)和公式(8-6)可以推导出 IS 曲线的表达式：

$$i = \frac{\overline{A}}{b} - \frac{Y}{\alpha b} \tag{8-7}$$

其中，$\overline{A}$ 为自发支出，是自发消费($\overline{C}$)与自发投资($\overline{I}$)之和。在以利率为纵坐标、国民收入为横坐标的坐标系中，IS 曲线见图8.2。

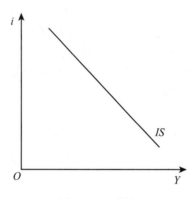

图 8-2　IS 曲线

在图8.2中，IS 曲线向右下方倾斜。其经济含义是：如果以利率作为自变量，那么，利率下降导致投资增加，商品市场的均衡要求储蓄等于投资，所以储蓄必须增加，由于储蓄是收入的增函数，因而国民收入要上升。同理，当利率上升时，国民收入下降；如果以国民收入作为自变量，那么，国民收入上升导致储蓄增加，商品市场的均衡要求投资等于储蓄，所以投资必须增加，由于投资是利率的减函数，因而利率要下降。同理，当国民收入下降时，利率上升。

需要说明的是，IS 曲线的建立需要假设投资是利率的减函数、储蓄是收入的增函数。但是在现实中，投资除了受利率的影响，也会受收入的影响。相应地，储蓄除了受收入的影响，也会受利率的影响。一旦假定投资既是利率的函数又是收入的函数、储蓄既是收入的函数又是利率的函数，IS 曲线很可能建立不起来。

二、LM 曲线

LM 曲线描述的是货币市场均衡条件下，利率 i 与国民收入 Y 之间的关系。其理论假定前提包括：

第一，货币需求分为交易性需求、预防性需求和投机性需求。交易性需求和预防性需求主要由收入水平决定，随收入增加而增加；投机性需求主要由利率决定，随利率上升而减少。如果货币需求对收入变化更敏感，LM 曲线就较陡峭；如果对利率变化更敏感，LM 曲线就较平坦。

第二，货币供给外生：货币供给量是中央银行控制的外生变量，不随利率或收入变动而变动。

货币需求函数可以表示为：

$$M_d = kY - hi \tag{8-8}$$

其中，M_d 是货币需求量，k 是货币需求对收入的敏感度，h 是货币需求对利率的敏感度。实际货币供给(m) 在短期内通常视为外生变量，由中央银行直接控制，且在短期内相对固定。当货币市场均衡时，货币需求等于货币供给，即：

$$m = kY - hi \tag{8-9}$$

由此可以得到 LM 曲线的表达式：

$$i = \frac{k}{h}Y - \frac{m}{h} \tag{8-10}$$

在以利率为纵坐标、国民收入为横坐标的坐标系中，LM 曲线可用图 8.3 表示。

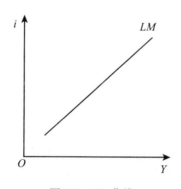

图 8.3 LM 曲线

LM 曲线是向右上方倾斜的。其经济含义是：如果以国民收入作为自变量，表示随着国民收入的增加，交易性与预防性货币需求(货币需求Ⅰ)将增加，由于货币供给没有发生变化，因而要求投机性货币需求(货币需求Ⅱ)减少以满足货币需求Ⅰ的增加，又因为货币需求Ⅱ是利率的减函数，所以利率必须上升以释放出投机货币，反之亦然；如果以利率作为自变量，表示随着利率的上升，货币需求Ⅱ减少，但货币供给没有发生变化，因而货币需求Ⅰ必须增加以吸收减少的货币，又因为货币需求Ⅰ是国民收入的增函数，所以国民收入必须增加，反之亦然。LM 曲线的推导展示了在货币供给不变的情况下，国民收入与利率之间的同向变动关系。这一过程揭示了货币市场与实际经济之间的联系，以及利率调节货币供求均衡的机制。

同样需要说明的是，LM 曲线的建立有一个核心假设：货币供给是外生变量，即货币供给量完由中央银行决定。但是，在实际的经济运行中，货币供给既表现出一定的外生性，也表现出一定的内生性。比如基础货币中的法定存款准备金部分的数量是由中央银行直接决定的，表现出一定的外生性；而基础货币中的超额准备金的精确数量并非由中央银行直接决定，而是商业银行及其他经济主体根据自身对流动性需求、贷款与投资机会的预期以及市场利率等多种因素综合考虑的结果，表现出货币供给的内生性。事实上，在现代信用货币条件下，货币供给更大程度上表现出内生性，即实体经济的货币需求决定货币供给。在这种情形下，随着投资或收入的增加，货币供给将增加，LM 曲线相应会变得平坦或曲线的位置变得不确定。

三、IS-LM 模型及投资乘数

将 *IS*、*LM* 曲线放到同一个坐标系中，便得到 IS-LM 模型的图形表达，见图 8.4。在图中，交点 *E* 处表明商品市场与货币市场同时达到均衡。

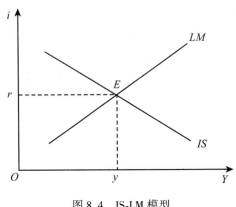

图 8.4　IS-LM 模型

借助 IS-LM 模型（如图 8.5），假定增加一笔投资支出导致 *IS* 右移到 *IS'*，水平移动的距离为 *EE"*，*EE"* 表示在没有货币约束的情形下投资乘数和投资增加额的乘积，即 $EE'' = \dfrac{1}{1-c}\Delta I$，从图形看，收入应从 y_0 增加到 y_1，实际上收入并没有增加到 y_1，因为收入增加到 y_1，必须假定利率不上升，但当 *IS* 向右移动时，国民收入增加，货币需求 Ⅰ 增加，但货币供给并没有变动，因而货币需求 Ⅱ 必须减少，这要求利率上升，利率上升抑制了私人投资，从而产生"挤出效应"。因此，新的均衡点只能处于 *E'*，收入仅仅增加到 y_2，而 y_2 到 y_1 的距离是"挤出效应"。

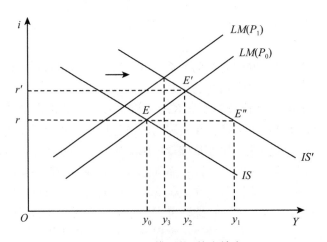

图 8.5　IS-LM 模型的"挤出效应"

将 IS、LM 方程式即式(8-7)与(8-10)联立可以得到如下方程：

$$Y = \frac{1}{\frac{kb}{h} + \frac{1}{\alpha}} \overline{A} + \frac{1}{k + \frac{h}{\alpha b}} m \tag{8-11}$$

由式(8-11)可知，在 IS-LM 模型中，投资乘数(α)为 $\dfrac{1}{\frac{kb}{h} + \frac{1}{\alpha}}$。

四、考虑货币市场情形下投资乘数的影响因素

由方程式(8-11)可以看出，在考虑货币市场的情形下，由于简单投资乘数(α)与边际消费倾向(c)具有一致性，因而投资乘数受到边际消费倾向(c)、投资对利率的敏感度(b)、货币需求对收入的敏感度(k)和货币对利率的敏感度(h)四个参数的影响。

(一)边际消费倾向

投资乘数与边际消费倾向成正比关系。具体来说，边际消费倾向越大，每一轮新增收入用于消费的部分也就越多，从而导致下一轮收入更多，以此循环往复可以对国民收入产生更大的影响。因此，边际消费倾向越大，投资乘数也就越大。

(二)投资对利率的敏感度

当一项自发投资导致国民收入增加时，由于货币需求 I 增加要求提高利率以释放出货币需求 II，如果投资对利率更敏感，相应减少的投资就会越多，从而导致挤出效应越大。挤出效应是指，当货币供给不变时，投资增加导致国民收入增加时，也会增加货币需求 I，必须通过提高利率减少货币需求 II，利率上升会抑制投资，使投资乘数减小。例如甲在利率为5%的水平下计划投资100万元，此时由于乙投资增加了200万元导致利率上升到6%，在6%的利率水平上，甲只愿意投资50万元而不是100万元，那么，总投资只增加了250万元而不是300万元，减少的50万元便是由挤出效应导致的。显然，在6%而不是5%的利率水平上，商品市场与货币市场同时达到均衡。

如果甲对利率的变化敏感，则当利率从5%上升到6%时，甲的投资减少得更多，从而挤出效应更大，投资乘数更小。因而，投资的利率敏感度越大，投资乘数越小。

对于挤出效应，凯恩斯指出："除非货币当局采取步骤加以矫正，公共工程资金的筹措以及就业量的增加和随之而来的价格上升所需要的周转现金的增加量可以引起利息率的增加，从而阻挠其他方面的投资。与此同时，资本品成本的增加会减少私人投资的资本边际效率，而这种减少又需要利息率的下降加以抵消。"[①]在这里，凯恩斯描述了因资金竞争引发利率上升从而导致挤出效应的过程，并暗含了通过货币政策降低利率以抵消挤出效应的可能性。但是，货币政策降低利率至少面临两个障碍：一是如果 LM 曲线水平，即 LM 曲线处于流动性陷阱状态，此时增加货币供给量使 LM 曲线右移，不会导

---

① 凯恩斯. 就业、利息和货币通论. 高鸿业，译. 北京：商务印书馆，1999：124.

致利率降低；二是如果增加货币供给量的过程中价格水平同比例上升，此时实际货币供给不会改变，从而 LM 曲线不会右移，利率也就不会下降。

(三) 货币需求对收入的敏感度

当国民收入由于自发投资的增加而增加时，如果货币需求对收入的敏感度较大，意味着既定的收入增加会导致货币需求 I 增加较多，从而利率必须上升更大的幅度才可以释放出满足货币需求 I 所增加的数量。这表明，国民收入不用增加太多就可以使商品市场和货币市场同时达到均衡。其本质是，货币需求对收入的敏感性较大，一个较小的收入增加就可以将利率上升导致的货币需求 II 的减少所释放出的货币吸纳完毕，从而投资乘数较小。货币需求对收入的敏感度对投资乘数的影响也可以用 IS-LM 模型的图形进行直观说明，如图 8.6，当自发支出增加导致 IS 右移（$\alpha\Delta I$）至 IS' 时，陡峭型（由货币需求对收入的敏感度（k）大导致）的 LM_2 曲线与 IS' 交于较低的国民收入水平 y_1，也就是说货币需求对收入的敏感度越高，对应的投资乘数也就越小。

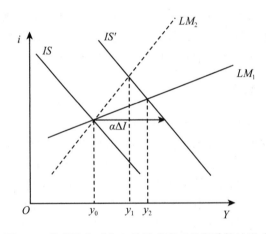

图 8.6　货币需求对收入的敏感度对投资乘数的影响

(四) 货币需求对利率的敏感度

货币需求对利率的敏感度越大，则投资乘数也越大。当投资导致国民收入增加时，如果货币需求对利率的敏感性，那么，利率较小的上涨就可以释放出货币需求 II，以满足由国民收入增加导致的货币需求 I 的增加量。其实质是，货币需求对利率的敏感性较大，一个较大的收入增加才可以将利率上涨导致的货币需求 II 的减少所释放出的货币吸纳完毕，从而投资乘数较大。货币需求对收入的敏感度对投资乘数的影响也可以用 IS-LM 模型的图形进行直观说明，如图 8.7，当自发支出增加导致 IS 右移（$\alpha\Delta I$）至 IS' 时，平坦型（由货币需求对利率的敏感度（h）大导致）的 LM_2 曲线与 IS' 交于较高的国民收入水平 y_2，也就是说货币需求对利率的敏感度越大，对应的投资乘数也就越大。

需要注意的是，可以用 LM 曲线的斜率（平坦或陡峭）来判断投资乘数（或挤出效

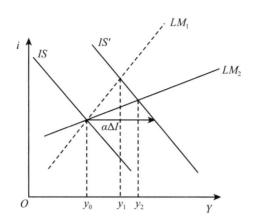

图8.7 货币需求对利率的敏感度对投资乘数的影响

应)的大小,但是,不能用 IS 曲线的斜率(平坦或陡峭)来判断投资乘数(或挤出效应)的大小。原因在于,IS 曲线的斜率由简单投资乘数(α)与投资对利率的敏感性(b)共同决定。比如,当 b 越大时,如果简单投资乘数不变,此时表现为 IS 曲线越平坦,从而特定的投资增加会导致更少的国民收入增加,从而乘数更小。但是,如果平坦是由简单投资乘数(α)大导致的,那么,表明既定的投资导致的 IS 曲线右移更多,从而乘数更大。也就是说,如果一条较平坦的 IS 曲线是由简单乘数(α)大导致的,其反映的投资乘数不一定比陡峭型(由简单投资乘数(α)小导致)的 IS 曲线小。这里主要注意两点:一是简单投资乘数与投资对利率的敏感性对 IS 曲线的斜率具有同向的影响,而两者对投资乘数的影响则是相反的;二是投资增加 ΔI 导致 IS 曲线右移 $\alpha\Delta I$,很可能 IS 曲线斜率不同,右移的幅度不一样,不能假定移动幅度相同来判断投资乘数的大小。因此,应该用代数表达式中投资乘数的决定判断各参数对投资乘数的影响,而不能用几何图形的方式进行直观判断。

同理,也不能用 LM 曲线的斜率(平坦或陡峭)来判断货币政策效果的大小,原因是 LM 曲线斜率由货币需求的收入敏感度(k)和货币需求的利率敏感度(h)共同决定,两者的大小对斜率的影响是相反的。一条较为陡峭的 LM 曲线可能是由货币需求收入的敏感度(k)较大引起的,也可能是由货币需求的利率敏感度(h)较小引起的。面对同样的实际货币供给增加,在 LM 曲线移动距离为 $\Delta m/k$ 的情况下,如果陡峭由 k 大引起,那么,其平移距离就较小,所以陡峭型的 LM 曲线不一定比平坦型的 LM 曲线政策效果好。

第三节　包含要素市场的投资乘数

一、总供给曲线

总供给曲线描述总产量或国民收入与一般价格水平的关系,短期总供给曲线一共有三种形态:古典总供给曲线、凯恩斯总供给曲线和常规总供给曲线。古典学派假设货币工资（W）和价格水平（P）具有完全伸缩性，即可以迅速调整使实际工资（W/P）总是处于劳动力市场均衡的充分就业水平，从而总产量也总是处于充分就业时的产量，不受价格影响，即工资具有充分"弹性"。因此，古典供给曲线表现为位于充分就业水平的总产量的垂直线。

凯恩斯在其著作《就业、利息与货币通论》中提出货币工资具有"刚性"的假设，即假设价格和货币工资均不会发生变化，在产量小于充分就业水平的总产量时，在既有的价格水平下，经济社会能够提供任何数量的总产量或者国民收入，因此，凯恩斯总供给曲线表现为一条处于既有价格水平的水平线。

在通常情况下，经济的短期总供给曲线是一条向右上方倾斜的直线，这是因为：当价格水平上涨时，如果名义工资不能及时反映价格水平的变化，那么实际工资就会下降，即工资具有"黏性"。实际工资下降降低了劳动力的成本，使企业愿意雇佣更多的劳动力，增加生产，导致总供给增加。

依据以上三种解释，总供给曲线的状态分为凯恩斯区域、中间区域和古典区域三个区域，如图 8.8 所示。结合生产要素利用情况及对应的总产出，凯恩斯区域指在总产量或国民收入水平较低时，社会中存在大量的闲置资源未充分利用，增加产量不会引起价格水平的上涨，总供给曲线 AS 为水平状；中间区域指当产量水平达到 y_1 之后，继续增加产量会遇到生产过程中的瓶颈现象，即生产设备、原材料和劳动力的不足会导致生产成本的提高，从而引起价格水平的上涨，此时 AS 曲线表现为向右上方倾斜的状态；古典区域指当总产量达到充分就业的产量 y_f 之后，整个经济体的全部生产资源都得到了利用，总产量将处于潜在产量或充分就业的水平，不随着价格变化而变化，此时 AS 曲线表现为垂直状态。

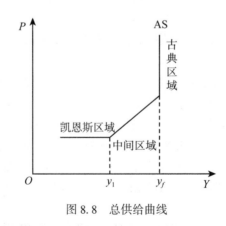

图 8.8　总供给曲线

二、总需求曲线

将式(8-11)中实际货币供给量（m）表示为名义货币供给量（M）与价格水平（P）的商（M/P）即可求得总需求曲线的表达式为：

$$Y = \frac{1}{\dfrac{kb}{h} + \dfrac{1}{\alpha}} \bar{A} + \frac{1}{k + \dfrac{h}{\alpha b}} \frac{M}{P} \tag{8-12}$$

可以看出，在以价格水平为纵轴、总产量或国民收入为横轴的坐标系中，总需求曲线为双曲线形式，但通常情况下，为了简化分析，将总需求曲线设为图 8.9 所示向右下方倾斜的直线。

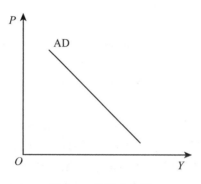

图 8.9　总需求曲线

三、AD-AS 模型下的投资乘数

如果在 IS-LM 模型基础上再引入要素市场，即投资会导致价格水平的变化，便可以得到总需求—总供给模型（AD-AS 模型）。图 8.10 中，处于低于充分就业的产量情况下，AD 与 AS 的交点的产量为 y_0，价格水平为 P_0，当总需求曲线 AD 移到 AD′，移动的距离为 FF''，收入应从 y_0 增加到 y_2，但是 AD 曲线移动的过程中价格水平也发生了变化，从 P_0 增加到 P_1，导致进一步挤出，此时 ΔI 真正的促进作用为从 y_0 到 y_3。因此，新的均衡点处于 F'，收入增加到 y_3。对应到图 8-5 中，价格水平从 P_0 增加到 P_1，LM 曲线左移，收入均衡点移至 y_3，与 AD-AS 模型中的 y_3 代表同一产出水平。在 AD′ 达到充分就业后，如果总需求继续提高，AD′ 移到 AD″ 时，交点产量仍是 y_3，价格水平为 P_2，此时总需求提高并没有引起实际产量的增加，只是推动了价格水平及利率水平的提高。

显然，经济中是否存在闲置的生产能力也是影响投资乘数的重要因素。如果经济中存在大量闲置资源，那么投资增加时可以迅速转化为实际的生产和收入；反之，如果资源已经充分利用，那么投资增加的效果可能受到限制。凯恩斯指出："在较为一般性的场合，乘数也是生产投资品和消费品的行业的物质条件的函数。"[1]他进一步认为"在达到充分就业以后，不论边际消费倾向的数值为何，任何进一步增加投资的企图都会使价格无休止地上升，即：我们已经达到真正的通货膨胀状态。然而，在到这一状态以前，价格水平会随着总实际收入的增加而上升。"[2]在这里，充分就业状态就是总供给曲线垂

① 凯恩斯. 就业、利息和货币通论. 高鸿业, 译. 北京：商务印书馆, 1999：122.
② 凯恩斯. 就业、利息和货币通论. 高鸿业, 译. 北京：商务印书馆, 1999：123.

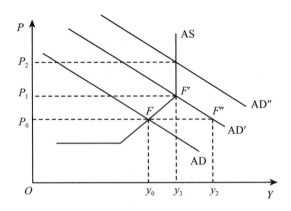

图 8.10　AD-AS 模型的"挤出效应"

直的古典区域。依据 AD-AS 模型及 IS-LM 模型，在此种情形下，由投资增加导致的总需求曲线右移不可能导致国民收入的增加，在 AD-AS 曲线上表现为价格水平上涨，在 *IS-LM* 曲线上表现为 *LM* 曲线左移，利率水平上涨。其实质是，在充分就业的情形下，在总体上根本无法增加投资，只是投资的主体结构（可能伴随产业结构）发生变化，即 A 投资主体增加的投资被 B 投资主体减少的投资所抵消，只是反映了有限资源的流向或配置，而不会增加资源的利用。另外，凯恩斯提到的在充分就业之前价格水平会随着实际收入的增加而上升，指的是 AS 曲线的中间区域，此时，随着投资增加导致 AD 曲线右移，存在价格水平及利率的上涨，虽然存在乘数效应，但其大小会小于 AD 曲线右移后仍交于 AS 曲线水平状态时的情形。

☞ **思考题**

1. 凯恩斯简单投资乘数的前提假定是什么？在引入货币市场与要素市场后，投资乘数的前提假定是如何放宽的？不断放宽前提假定的意义是什么？

2. *IS* 曲线的假定是什么？如果假定投资也是收入的函数、储蓄也是利率的函数，*IS* 曲线还能建立吗？

3. *LM* 曲线的假定是什么？如果假定货币供给内生，*LM* 曲线将发生怎样的变化？

4. 运用财政政策与货币政策将 AD 曲线推到 AS 垂直的区域，面临的障碍是什么？

5. 投资乘数指的是投资增加对国民收入的拉动作用，国民收入增加是否对投资产生影响？机制是什么？

6. 投资乘数发挥作用必须有增量投资，制约政府投资与私人投资增加的因素是什么？

第九章 投资结构与投资效率

投资是一个复杂的社会经济系统，其内在结构可以从不同的角度进行考察，而投资效率在决定经济效益的同时也对经济增长的可持续性产生影响。本章首先介绍了投资产业结构的内涵、影响因素及变化趋势；其次，对资本产出比、增量资产产出、资本产出弹性、AMSZ准则等衡量投资效率的指标进行了分析与评价。

第一节 投资产业结构

一、投资产业结构的内涵

投资是一个多层次经济系统，由众多子系统组成。投资结构是投资在各种形态间、各经济成分间、各产业间、各地区间的配置比例及其相互关系的统称，主要包括投资形态结构、投资主体结构、投资产业结构和投资区域结构等。

广义地说，投资结构是投资整体中各部分之间的相互关系及其数量比例。结构分析的主要特征是将考察对象当作一个系统，且系统的功能不等于各个子系统功能的简单加总，各子系统的关联方式不同，系统的总体功能也就不同。各类投资之间的关系不同，投资结构就不同，从而投资效益就会产生差异。

投资产业结构，是指投资在各产业间的分配比例，是投资结构的实体形态。本章通过分析投资产业结构的历史及现状，探索产业结构发展变化的一般趋势、内部联系和影响机制，为规划未来的产业结构、制定相应的政策提供依据。

随着技术不断进步、经济结构持续演进以及主导产业不断更替，投资产业结构也持续发生变化。与工业化进程相适应，投资产业结构基本是沿着农业投资—轻工业投资—基础工业投资—高加工度工业投资—第三产业（尤其是现代服务业）投资—信息产业投资依次占主导地位的轨迹演进的。在各产业内部，投资一般围绕某一关键细分产业或某一关键技术展开，形成以某一关键细分产业或某一关键技术为主导的投资结构。

二、投资产业结构的演变规律

随着生产力水平的提高，投资产业结构亦遵循一定规律演变。下面着重阐述几种主要的投资产业结构演变理论。

(一) 配第-克拉克定律

早在17世纪末，英国古典政治经济学家威廉·配第已经注意到不同产业具有不同的收入，且由此会引起劳动力的就业结构发生变化。威廉·配第在《政治算术》一书中指出，从事制造业比从事农业能得到更多的收入，相应地，从事商业比从事制造业能得到更多的收入。因此，劳动力会从农业向制造业和商业转移。显然，这种转移必然伴随投资流向的变化。1940年，英国经济学家克拉克基于威廉·配第的理论，在其《经济进步的条件》一书中，将国民经济活动划分为第一产业、第二产业和第三产业三大产业，并考察了经济发展过程中劳动力在各产业中分布状况的变化。他根据大量统计资料进行时间序列分析得出：随着经济发展和人均收入水平的提高，劳动力从第一产业向第二、三产业转移是一个普遍的现象；并且，随着人均收入的进一步提高，又会出现劳动力由第二产业向第三产业转移的现象。这一发现被称为"配第-克拉克定理"。虽然这一定理描述的是就业结构的变动规律，但根据劳动力与资本之间的互补关系，同样也可以说，随着经济发展，投资会呈现在第一、二、三产业间依次转移的规律。

(二)库兹涅茨法则

在威廉·配第和克拉克的基础上，美国经济学家库兹涅茨在其代表作《现代经济增长》和《各国经济增长》等著作中，运用统计学方法，对1958年57个国家各生产部门在国民收入中的占比及1960年59个国家各部门劳动力占比进行了实证分析，总结出各国国民收入和劳动力在各生产部门间分布结构的变化规律，得出了"库兹涅茨法则"：第一，农业部门无论是劳动力占比还是国民收入占比均呈现下降趋势；第二，工业部门的国民收入占比大体上是上升的，但是劳动力占比则大体保持不变或略有上升；第三，服务业部门劳动力占比基本上都是上升的，但国民收入占比与劳动力占比未必同步上升。[①] 从劳动力占比及国民收入占比的状况，大致可以判断投资的产业流向及各产业资本的物质差异所导致的产出效率的差异。

(三)罗斯托主导产业优先发展战略

所谓主导产业，也称主导部门或主导产业部门，是指各产业部门中具有高创新力和高速增长能力，并且具有很强地带动其他产业部门发展的能力，在工业化过程中起着最主要作用的产业部门。一般来说，主导部门不是单一部门，而是由几个产业部门组成的综合体。因此，一国在选择主导部门时，应该选择一组产业部门作为主导部门重点扶持，通过主导部门带动其他产业部门的发展。

主导产业不是一成不变的，它与一国经济发展的阶段有关。另外，各国的资源禀赋、市场需求、经济制度等方面的差异也会对主导产业的形成造成很大的影响。美国经济学家罗斯托在1960年出版的《经济增长阶段》一书中提出了"起飞"理论，他认为所选择的主导产业必须具备三个条件：一是创新能力强。主导产业通常具有较强的创新水平，从而拥有先进的技术，可以较低的成本提供产出。二是市场需求大。主导产业的产品或服务通常具有广泛的市场需求，能够吸引购买者。三是有足够的投资。由于供给能力强、市场需求大，主导产业能够创造和积累大量的利润，可以保证有足够的投资。

---

① 库兹涅茨. 各国的经济增长. 常勋, 译. 北京：商务印书馆, 2009：373-378.

罗斯托把经济增长阶段划分为传统社会、起飞准备、起飞、成熟、大众高消费以及追求生活质量六个阶段，每个阶段的演进都是以主导部门的更替为特征的。各阶段的主导部门具有三个共同特征：第一，导入了创新并创造出新的市场需求，从而对其他部门的投资具有引导作用。第二，具有持续的高增长率。主导部门的高增长率是由技术进步和新的市场需求促成的，这种供给创造需求、需求拉动供给的相互作用，使主导部门的高增长率具有持续性。第三，具有显著的扩散效应。扩散效应分三种：后向效应、前向效应和旁侧效应。后向效应是指主导部门的发展对为其提供投入品的产业部门的带动作用，前向效应是指主导部门的发展诱发出新的经济活动或产生出新的产业部门，旁侧效应是指主导部门的发展对其所在城市和地区所产生的影响。

（四）钱纳里与赛尔昆的标准产业结构

钱纳里和赛尔昆在1975年出版的《发展模式》一书中提出了标准产业结构理论，该理论主要基于他们对多个发展中国家，特别是准工业化国家（地区）在第二次世界大战后经济发展过程的研究。他们通过统计分析，整理出经济发展不同阶段产业结构的标准数值，这些数值用于判断一国经济发展过程中产业结构演变是否正常。根据钱纳里和塞尔昆的研究，经济发展过程可以划分为多个阶段，每个阶段都有其特定的产业结构特征。这些阶段通常按照人均GDP（以1970年美元计价）进行划分：（1）初级产品生产阶段（人均GDP 300~600美元）。该阶段的产业结构以农业为主，没有或极少有现代工业，生产力水平很低。（2）初期工业化阶段（人均GDP 600~1200美元）。该阶段的产业结构开始由以农业为主的传统结构向以现代化工业为主的工业化结构转变，工业中则以食品、烟草、采掘、建材等初级产品的生产为主。（3）中期工业化阶段（人均GDP 1200~2400美元）。该阶段制造业内部由轻型工业的迅速增长转向重型工业的迅速增长，非农业劳动力开始占主体，第三产业开始迅速发展。（4）后期工业化阶段（人均GDP 2400~4500美元）。该阶段在第一产业、第二产业协调发展的同时，第三产业开始由平稳增长转入持续高速增长，并成为区域经济增长的主要力量。（5）初级阶段发达经济阶段（人均GDP 4500~7200美元）。该阶段的制造业内部结构由以资本密集型产业为主导向以技术密集型产业为主导转换，同时生活方式现代化，高档耐用消费品被推广普及。（6）高级阶段发达经济阶段（人均GDP 7200~10800美元）。在该阶段，第三产业开始分化，知识密集型产业开始从服务业中分离出来并占主导地位，消费呈现多样化的趋势。

钱纳里和塞尔昆的标准产业结构理论提供了一个理解经济发展过程中产业结构变化的重要框架，有助于深入分析各个产业的发展特点和规律，从而为投资产业结构的演变提供了借鉴。需要注意的是，由于经济环境和条件的变化，钱纳里和塞尔昆的标准产业结构数值可能需要根据实际情况进行调整。因此，在应用该理论时，应结合具体国家的实际情况进行分析和判断。

（五）霍夫曼工业化经验法则

德国经济学家霍夫曼在其1931年出版的著作《工业化的阶段与类型》中，结合英国工业革命以来20多个国家的工业化实践，将工业部门分为资本品工业和消费品工业两大部门，提出了著名的"霍夫曼比率"或"霍夫曼定理"：消费品工业净产值与资本品工业净产值的比值。霍夫曼比率可以用来反映一国工业化阶段或水平，其值越高，说明工业化水平越低。在各国工业化进程中，霍夫曼比率的变化具有共同的趋势：资本品工业净产值在整个工业净产值中所占比例不断上升，消费品工业净产值在整个工业净产值中所占比例不断下降，霍夫曼比率不断下降。

霍夫曼比率反映了工业内部产业结构或投资结构演进的高度化程度，也反映了消费品工业与资本品工业净产值比例的变化对工业化进程的影响。霍夫曼依据霍夫曼比率的高低，将工业化过程分为四个阶段：第一阶段，消费品工业占主导地位，霍夫曼比率在5左右；第二阶段，消费品工业仍占主导，但资本品工业的扩张速度相对较快，霍夫曼比率在2.5左右；第三阶段，资本品工业继续保持快速增长，在规模上与消费品工业基本持平，霍夫曼比率在1左右；第四阶段，资本品工业超越消费品工业占据主导地位，霍夫曼比率小于0.5，基本上实现了工业化。这就是"霍夫曼工业化经验法则"。这一法则表明，在不同的经济发展阶段，资本在不同部门的积累速度不同，随着经济发展，投资逐渐偏向于重工业部门或生产资料部门。

从投资产业结构的角度来看，霍夫曼工业化经验法则反映了工业化进程中投资流向的变化趋势。在工业化初期，由于消费品工业占主导地位，投资主要集中于轻工业部门，如纺织、食品等。这些部门投资门槛相对较低，市场需求旺盛，有利于快速积累资本和经验。随着工业化的推进，资本品工业开始快速发展，对重化工业的投资需求逐渐增加。重化工业部门具有技术含量高、规模经济效应显著等特点，成为推动工业化进程的重要力量。此时，投资流向开始由轻工业向重工业转移，以适应工业结构的变化。在工业化后期，资本品工业占主导地位，重化工业成为投资的主要方向。这一时期，投资不仅关注扩大生产规模，更注重技术创新和产业升级，以提高产业竞争力和可持续发展能力。

综合以上产业结构演进的理论依据及实证分析，一般而言，随着一国经济发展水平的逐步提高，投资的产业份额总体上沿着以第一产业为主导到第二产业为主导再到第三产业为主导的方向变化。具体而言，按投资产业份额的排序要经历"一二三""二一三""二三一""三二一"四个阶段。也就是说，从比例上看，高级产业的投资占比越来越大，反映了投资产业结构由低级向高级不断演变升级的过程，当然，伴随着技术进步的投资产业结构升级，投资品的质量也越来越高。

三、投资产业结构的影响因素

(一)需求因素

1. 消费需求

如果对某产业的产出，消费需求比较旺盛，则从事这一产业的投资将有利可图，此产业的投资就会增加。随着收入水平的提高和消费观念的转变，居民的消费结构也会逐渐升级，将增加高质量、高附加值的产品和服务的需求。这种消费结构的变化要求投资产业结构必须相应调整，以满足新兴消费需求。例如，随着居民对健康、教育、娱乐等服务需求的增加，服务业的投资比重也会相应上升。

2. 投资需求

投资需求也是影响投资产业结构的重要因素。企业为了扩大再生产、提高竞争力，需要进行固定资产投资和技术改造等投资活动。在市场经济条件下，资本总是流向收益更高的产业和领域。因此，投资需求的变化将引导资本在不同产业之间流动和配置，从而引起投资产业结构的变化。

(二) 供给因素

影响投资产业结构的主要因素是资源禀赋。资源禀赋又称要素禀赋，是指一个国家或地区所拥有的各种生产要素的丰裕程度，包括劳动力、资本、土地、技术、管理等。这些生产要素的多寡直接决定了该国或地区在产业选择和投资方向上的优势和劣势，进而影响投资产业结构的形成和演变。

依据比较优势原则，资源禀赋的差异导致不同国家或地区在不同产业上具有比较优势。例如，劳动力资源丰富的地区倾向于投资劳动密集型产业，而自然资源丰富的地区则可能更倾向于投资资源密集型产业。从动态上看，随着经济的发展和技术的进步，某些资源的相对丰裕程度可能会发生变化，导致资源在产业间的流动和重新配置，从而影响投资产业结构的调整和优化。

1. 自然资源

自然资源丰富的地区往往能够吸引大量资金投资于资源开发产业，例如，煤炭、石油、天然气等矿产资源的开发会带动采掘业、能源加工业等产业的投资。同时，资源开发领域的投资还会带动相关产业链的延伸，如设备制造、物流运输、技术服务等配套产业的投资，形成产业集聚效应。另外，由于自然资源的开发利用需要先进的技术支持，这也会促进相关技术的研发投资。随着研发投资的增加，资源的开发效率和利用水平不断提高，将进一步推动相关产业的投资。

但是，自然资源对投资产业结构的影响并非完全正向。过度依赖自然资源开发可能导致投资结构单一化，使经济发展缺乏多样性和稳定性，往往出现"资源诅咒"现象。"资源诅咒"是指，在丰富的自然资源背景下，经济体的投资过度集中在自然资源开发领域，导致技术创新不足、教育投资减少和忽视其他产业投资等问题。具体来看，如果资源部门的工资高到足以吸引潜在的创新者和企业家来到资源部门工作，显然丰裕的自然资源就会挤出创新或企业家活动；在资源丰裕的经济体中，构成经济活动主体的初级产品生产部门不需要高技能的劳动力，所以更容易忽视人力资本对经济发展的重要性，导致教育支出占比较低；自然资源可以提供持续的财富流会给人们造成未来的福利不必依赖资本积累的错觉。在以上挤出创新、挤出教育、挤出投资的作用下，一旦资源枯竭或受到市场需求的冲击，经济增长会失去可持续性。另外，自然资源的投资往往伴随着环境污染和生态破坏。例如：矿产资源的开采会导致土地退化、水土流失等问题，化石能源的开采和燃烧会加剧气候变化和环境污染。

2. 劳动力

（1）劳动力数量与结构

劳动力丰裕与否直接影响产业的选择和投资方向。在劳动力丰裕的地区，由于劳动力成本相对较低，经济主体往往倾向于投资劳动密集型产业。相反，在劳动力匮乏的地区，经济主体往往倾向于投资资本或技术密集型产业，以减少对劳动力的依赖。

劳动力的技能水平和知识结构也是影响投资产业结构的重要因素。如果某地区拥有大量高技能人才，投资就更可能集中在高技术、高附加值的产业。反之，如果劳动力技能水平普遍较低，投资就更可能集中在对技能要求不高的产业。

（2）劳动力成本

不同产业的劳动力成本差异较大，因此劳动力成本的变化会直接影响投资产业结构的调整。当劳动力成本上升时，一些劳动密集型产业会面临成本压力，将减少对这些产业的投资。相反，一些资本或技术密集型产业由于能够通过技术创新和自动化生产来降低对劳动力的依赖，从而增加在设备和技术方面的投资。

（3）劳动力素质与创新能力

高素质的劳动力具有更强的学习和创新能力，能够更快地适应新技术和新工艺的应用及研发。当劳动力素质普遍提高时，整个产业体系将更加注重技术创新和产业升级，从而吸引更多的投资进入高技术、高附加值领域。创新能力是推动技术进步的关键因素，创新导致的技术进步将吸引更多的投资进入相关产业，推动这些产业的快速发展和升级。

（4）劳动力流动

劳动力的流动是市场配置资源的重要方式之一。当劳动力从低效率或低附加值产业流向高效率或高附加值产业时，这种流动本身就促进了资源的优化配置。对于投资产业结构而言，这意味着资金更倾向于投入能够吸引并留住高素质劳动力的产业中。另外，劳动力的流动趋势往往能够反映出市场对不同产业的需求和预期。因此，劳动力的流动可以引导投资方向，使投资更加精准地流向那些具有竞争力的产业。

3. 企业家才能

企业家作为企业的核心资源，其才能的发挥直接影响到企业的投资决策和产业结构的选择。

（1）投资决策的引导

企业家的战略眼光和决策能力决定了企业的投资方向和重点。企业家能够根据市场趋势、技术发展和资源禀赋等因素，制定出符合企业长远发展的投资策略，引导投资资金向具有潜力的产业流动，从而有助于优化投资结构，提高投资效率。

（2）创新能力的推动

企业家的创新能力是推动产业升级和转型的重要动力。企业家能够通过技术创新、管理创新和市场创新等方式，开发出新产品、新技术和新服务，满足市场需求并获得竞争优势。这种创新能力有助于推动投资产业结构向高技术、高附加值的方向发展。

（3）资源整合与配置

企业家具有强大的资源整合能力，能够将各种生产要素有效整合起来，实现资源的优化配置和高效利用，形成企业的核心竞争力，这种资源整合能力有助于促进投资产业结构的优化。

（4）市场需求的适应

企业家具有敏锐的市场洞察力和适应能力，能够及时调整企业的投资方向和产品结构，提前布局具有潜力的产业领域，以适应市场需求的变化，抢占市场先机并获得更大的投资回报。

4. 科技进步

科技进步是推动产业结构升级和优化的重要动力。新的科技成果和技术的应用会催生新的产业和市场需求，同时也会对传统产业进行改造和提升。这促使投资者将资金投向具有技术优势和市场前景的领域。

熊彼特认为，创新就是"建立一种新的生产函数"，也就是说，把一种从来没有过的关于生产要素和生产条件的"新组合"引入生产体系。资本主义经济发展本质上是"不断地从内部革新经济结构，即不断地破坏旧的，不断地创造新的结构"的动态过程。创新有以下五种基本形式：（1）引进新产品；（2）引进新技术或新的生产方法；（3）开拓新市场；（4）控制原材料的新的供应来源；（5）引进新的生产组织形式。

源于创新的技术进步对投资产业结构的决定作用既是强大的推力，也是不可忽视的拉力。这种双重角色体现在技术进步同时作为需求力量和供给力量，深刻地塑造着投资产业结构的发展轨迹。通过引入新技术、新工艺和新设备，企业能够实现生产过程的自动化、智能化和高效化，从而在保持或提高产品质量的同时，显著降低生产成本。这种供给端的变革不仅增强了企业的市场竞争力，也为产业结构的优化升级提供了有力支撑。技术进步还促进了生产对象和生产方式的创新，随着科技的进步，越来越多的新材料、新能源被开发和应用到生产过程中，这些创新不仅拓宽了生产领域，也推动了生产方式的根本性变革，进而对投资产业结构产生至关重要的影响。

（三）产业政策

首先，产业政策通过明确扶持的重点产业和领域，引导投资资金向这些方向流动。例如，政府可能通过投资政策、利率政策、税收政策等手段，对新兴产业、高新技术产业或符合国家发展战略的产业给予优惠和支持，从而吸引更多的投资进入这些领域。其次，在产业政策的引导下，投资资金能够更加高效地配置到具有发展潜力和竞争优势的产业中，有助于提升整个投资产业结构的合理性和竞争力。再次，产业政策往往强调技术创新和研发投入的重要性，通过提供资金支持、税收优惠等措施，鼓励企业加大研发力度，推动技术创新和产业升级，进而优化投资产业结构。最后，对于传统产业，产业政策可能通过激励技术改造、设备更新等，推动传统产业与新兴产业的融合发展，形成更加合理的投资产业结构。

但是，产业政策也存在一些明显的缺陷，主要表现为产业政策目标不明确、直接干预市场、限制竞争、扭曲市场信号、程序不透明、寻租与腐败等。为了克服这些缺陷，需要提高政策制定和执行的透明度和科学性，加强市场机制的调节作用。

(四)国际因素

1. 国际贸易的影响

首先,国际贸易使得各国能够根据自己的比较优势进行生产和贸易,从而促进资源的重新配置,有利于各国投资产业结构向更加合理和高效的方向发展。另外,国际贸易为各国提供了引进先进技术和设备的机会,从而推动了国内产业的技术升级和创新,在提高生产效率的同时,也优化了投资产业结构。

其次,国际贸易的扩大为各国的新兴产业提供了更广阔的市场空间。随着全球贸易的不断发展,各国对新产品、新技术的需求不断增加,这为新兴产业的发展提供了强大的市场动力。同时,国际贸易的繁荣吸引了大量国际资本的流入,这些资本往往流向具有高增长潜力和竞争力的新兴产业,为新兴产业的发展提供了重要的资金支持,促进了投资产业结构的优化。

最后,国际贸易促进了区域经济一体化的发展。各国通过贸易和区域经济组织加强了经济联系和合作,有利于各国在更大范围内实现资源配置的优化和产业的协同发展,从而优化投资产业结构。随着全球贸易的不断发展,一些产业逐渐从发达国家向发展中国家转移,同时发达国家也通过国际贸易获得了更多的机会进行产业升级和转型。显然,发达国家的产业升级与转型对各国的投资产业结构势必将产生深远的影响。

2. 国际投资的影响

一般而言,当投资需求总量一定时,外商直接投资增加,某一产业部门的国内投资需求就缩小;相反,如果外商直接投资减少,该产业部门的国内投资需求就变大。但是,外商直接投资对国内投资产生"挤出效应"或"替代效应"的同时,也具有"挤入效应"或"互补效应"。从量的角度看,当外商直接投资到具有增长潜力的产业中时,可以带动这些产业投资规模的扩张。另外,外商直接投资往往涉及产业链的多个环节,这种产业链的整合可以促进东道国相关产业的投资。从质的角度看,外商直接投资往往会带来先进的技术和管理经验,以及竞争的压力,有利于优化东道国的投资结构。同时,外商直接投资技术培训、交流,可以提升东道国劳动力的技能水平,这将对投资产业结构优化升级产生溢出效应。

但是,过度依赖国际直接投资可能导致东道国产业结构的单一化和脆弱性。一旦国际投资环境发生变化或跨国公司撤资,可能会对东道国经济造成较大冲击。此外,外商直接投资可能挤压本土企业的生存空间,争夺市场份额,导致本土企业面临经营困难甚至破产的风险,影响产业结构的稳定性和多样性。最后,国际直接投资如果集中在高污染、高能耗的产业中,则加剧了东道国的环境污染和生态破坏,给东道国带来资源环境方面的压力。

四、投资产业结构与产业结构

产业结构优化包括产业结构合理化和高级化两方面。产业结构合理化可以从静态和动态两个角度理解。从静态角度看,产业结构合理化指某一特定时点上各产业及细分产业间有序协调程度。从动态角度来看,产业结构合理化指在特定的历史发展阶段,根据消费需求水平、人口素质水平和资源禀赋等特征，以及产业关联的技术经济客观比例关系，调整资源在产业间的合理配置，实现供求平衡并取得良好效益的过程。

产业结构高级化是指原有生产要素和资源从低效率的产业部门退出并流向高效率的产业部门，新增生产要素和资源大多被配置到高效率的产业部门，导致低效率产业部门份额逐步萎缩，高效率产业部门份额不断扩大。

（一）投资产业结构与产业结构优化

投资总量和结构直接决定了产业结构的形成和发展，影响着国民经济的发展速度和效益。投资结构的动态调整是产业结构演进的最基本动因和手段。首先，投资是产业增长的动力，投资在产业间分布比例的不同，会造成产业增长速度的差异，进而引起产业结构变动。对主导产业的持续投资能够促进主导产业的持续增长和变更，进而使得产业结构不断升级。其次，产业间资本存量结构的调整，如淘汰落后产能，资本从夕阳产业流向高新技术产业等能够在不增加投资的情况下优化既有资本存量，促进产业结构优化升级。最后，投资需求的变化能够引致投资供给结构的变化，促进产业结构变迁；投资的变化要求劳动力和技术等生产要素与之相匹配，如投资结构的升级要求劳动力素质的不断提高和技术的不断升级，产业结构也就不断优化升级。

1. 投资的供给效应

投资流量的不断累积，会在产业间形成差异性分布的资本存量结构，资本存量结构代表着特定时点上经济体的供给能力，这种供给能力从产值角度看即为产业结构。由于资本存量结构的调整是通过投资流量进行的，投资流量调整速度和结构决定了资本存量刚性的强弱，投资流量调整的速度越慢、结构差异性越小，现有的资本存量结构刚性就越强，投资对其调整的速度就越慢，从而产业结构调整的速度也就越慢。通过投资流量对产业间资本存量的调整，资本更好地与劳动、技术等其他生产要素进行匹配和优化组合，改变原有产业之间生产能力的结构状况，带来产业技术水平和资源转换效率的提高，提升了产业结构效率。

产业结构调整的投资因素，不但包含新增投资在产业间分配差异导致产业间资本存量差异（即增量调整），也包含现有资本存量在产业间的流动（即存量调整）。在市场价格信号指引下，逐利性使资本对市场供需变动具有天然的敏感性，资本在产业间不断流动以追求利润最大化。产业间资本的流动必然存在资本从某些产业退出（夕阳产业），流入另一些产业（新兴产业）的现象。资本在产业间的流动也带动了劳动力和技术等生产要素随之流动。资本不断退出的产业在整个国民经济中所占比例逐渐下降，资本不断流入的产业在整个国民经济中所占的比例逐步上升，整个产业结构随之不断变迁。市场发育越完善，产业间资本流动障碍越少，产业间资本流动就越能适应需求结构的变化，从而能够迅速调整不合理的产业结构，促进产业结构优化升级。

投资对产业结构调整的供给效应是一种长期效应。一方面，由于投资具有不可逆性和较长时滞，投资对产业结构的影响存在沉没成本和时滞，一旦投资流向偏离当前市场需求或产业发展方向，就会产生较大的损失，需要较长的时间进行矫正；另一方面，需求结构是不断升级的，要求产业结构与之相适应，进而要求投资总量和投资结构的调整具有灵活性，以不断适应需求结构的变化。这两方面决定了投资总量和投资结构对产业结构调整供给效应的长期性。

2. 投资的需求效应

投资代表着一定的物质生产资料投入，这种物质生产资料投入的增加必然会促进为其提供投资品的产业部门的增长，即投资所产生的派生需求或中间需求。投资所需的投资品来源于不同产业部门，因而投资的增加对不同产业部门的派生需求也存在一定的差异。产业间投入产出联系越紧密、产业间关联范围越广，投资的需求引致效应就越大，对产业结构变迁的牵引力就越强。

投资的引致需求效应的存在使投资对产业结构的影响具有放大效应。当投资结构的变化适应需求结构时，这种放大效应能够使产业结构加速调整至需求结构所要求的状态；反之，当投资结构的变化不适应需求结构时，这种放大效应会使产业结构更加偏离需求结构所要求的状态。

一般来说，投资总量越大，投资的需求效应就越大，对产业发展的牵引力就越强，产业结构变迁的速度就越快。由于产业间存在关联，某一产业的投资不但能够直接促进本产业发展，而且能够引致其他相关产业更多的投资。随着技术的不断进步及经济发展水平的不断提高，产业链条越来越长，产业环节越来越多，产业范围越来越广，产业间经济技术关联越来越密切，投资的需求效应就不断扩大。但是，投资需求效应是一种中间需求，投资能否取得效益、优化产业结构，最终要看能否适应最终的消费需求。投资如果偏离最终消费需求，那么即使短期内对产业发展有一定促进作用，但最终仍会导致投资效益低下乃至投资失败，使得产业发展受阻。并且，投资总量如果过大，会挤压消费，造成投资与消费失衡，带来产能过剩、资源环境压力上升等不良后果，不利于产业结构优化升级。因而，投资总量必须合理。

在一定的投资总量下，各产业的投资规模和投资增速各不相同，即投资产业结构内部差异显著。主导产业相对成熟，投资规模较大且增速较为稳定；新兴产业一般处于初创期或成长期，投资规模较小但增速较快；夕阳产业一般处于衰退期，投资规模较小且增速较慢。不同产业在国民经济中的地位不同，产业关联效应强弱也不同，因而投资的需求效应各不相同，对产业结构的牵引作用也就存在显著差异。相对于供给效应的长期性而言，投资的需求效应是一种短期效应。这源于投资需求效应的派生性，即投资的需求效应是一种中间需求而不是最终需求。

(二) 产业结构对投资产业结构的反作用

产业结构对投资产业结构具有制约作用，是投资分配的动力和出发点，主要体现在产业结构通过影响投资的水平、预期、总量来制约和影响社会投资产业结构。

投资结构调整是在现有产业结构生产能力的基础上进行的，不能脱离现有产业结构的实际情况。投资所需的投资品供给，来源于现有产业结构所决定的资本品供给能力，包括现有产业结构所决定的最大投资品供给规模和投资品供给结构。因此，现有产业结构的物质规定性制约着投资结构的变化。

一方面，投资结构受制于现有产业结构的产出构成。投资是对现有产业的产出进行生产资料再分配的过程。现有产业提供的生产资料和生产工艺的状况，是产业间投资结构调整的物质基础。另一方面，投资结构受制于现有产业结构的存量构成。生产要素在现有产业的既定组合规定了不同产业的技术特征，现有产业结构的生产能力制约了投资产业结构的要素组合比例。

同时，投资的主要目的是获取投资收益，因此社会投资主要受限于对各产业、各项目等方面的投资预期，具有较高收益率的产业能够吸引更多的投资。因此，产业结构对投资的产业结构具有显著的影响。

第二节　投　资　效　率

一、资本产出比

(一)资本产出比的内涵

资本产出比(Capital-output Ratio)指当年资本存量与国内生产总值之比，表示每单位产出所需的资本存量。资本产出比是现阶段衡量投资效率最常用的指标，资本产出比越高，意味着单位产出所需的资本存量越多，投资效率越低；资本产出比越低，意味着单位产出所需的资本存量越少，投资效率越高。

测算资本产出比，必须有资本存量 K 和国内生产总值 Y 的数据，国内生产总值的数据每年会由国家统计局进行统计公示，但是资本存量的数据没有官方统计公示，需要运用一定方法进行测算。目前测算资本存量的方法主要是戈登史密斯(Goldsmith)在1951年提出的永续盘存法(Perpetual Inventory Method，PIM)，PIM 采用相对效率几何递减模型将每年的资本流量进行汇总。[①] 其公式为：

$$K_t = K_{t-1}(1 - \delta_t) + I_t \tag{9-1}$$

式中，K_t 表示第 t 年的资本存量；

K_{t-1} 表示第 $t-1$ 年的资本存量；

I_t 表示第 t 年的投资；

δ_t 表示第 t 年的折旧率。

运用 PIM 公式测算资本存量，首先需要确定以下四个变量的数值：

一是基期资本存量 K_0。永续盘存法的运算实质上是将各年的资本流量进行折旧汇总，所需要数据的时间跨度较大。选择的基期时间越早，资本存量测算就越准确。

总体来看，基期资本存量的数据相对其他数据比较容易确定，且对未来资本存量的测算影响较小。随着基期资本存量不断折旧以及未来投资逐渐增加，基期资本存量取值对未来资本存量测算的影响将越来越小。因此，只要测算的时间跨度足够大，基期资本存量的选择就不会起决定性作用。

① Goldsmith R W. A Perpetual Inventory of National Wealth. NBER Studies in Income and Wealth, 1951：5-16.

二是当期投资 I_t。对于当期投资的指标，现有研究大致分为三类：第一类是生产性积累，即资本的净增加。生产性积累指标不需要进行折旧，主要与 MPS 统计体系相关，但是随着 1993 年后国民经济核算体系不再公布累计数据，这一指标目前不再使用。第二类是全社会固定资产投资总额，即生产性积累指标的替代，我国国民经济核算体系自 1993 年后开始提供全社会固定资产投资总额，但其统计范畴与永续盘存法的投资指标并不完全一致，与国际 SNA 统计体系也不相容。第三类是固定资本形成总额，固定资本形成总额是对全社会固定资产投资总额调整计算得出的，更符合"投资"的定义。通过比较分析四类投资指标，固定资本形成总额最适用和易得。

三是固定资产投资价格指数。在确定当期投资 I_t 后，由于每年价格指数的变动，各期投资数据不具有可比性，需要将每年的投资额按照一定价格指数折算到基期以不变价格表示的实际值。

四是折旧率 δ_t。采用永续盘存法测算资本存量需要估计出一个合理的折旧率，对历年的资本存量进行折旧。资本折旧主要有三种模式：一是单架马车法，代表资本的相对效率在服务期内保持不变；二是直线型法，代表资本的相对效率在服务期内呈直线下降；三是余额递减折旧法，代表资本的相对效率在服务期内呈几何下降。余额递减折旧法与永续盘存法的实质比较相符，目前研究资本存量测算最普遍采用的是余额递减折旧法，公式为：

$$d_t = (1 - \delta)^t, \quad t = 0,\ 1,\ 2,\ \cdots \tag{9-2}$$

式中，d_t 表示资本存量在第 t 期的相对效率；

　　δ 表示折旧率；

　　t 表示资本存量的服务寿命。

(二) 资本产出比的决定

资本产出比的大小及变动趋势会受到产业结构变动与各产业资本产出比的影响。从国民经济三次产业的角度看，用 K 代表资本存量，K_1、K_2、K_3 分别代表三次产业各自的资本存量，Y_1、Y_2、Y_3 代表各次产业的增加值，则有以下经济关系：

$$K = K_1 + K_2 + K_3 \tag{9-3}$$
$$\mathrm{GDP} = Y = Y_1 + Y_2 + Y_3 \tag{9-4}$$

则：

$$\frac{K}{\mathrm{GDP}} = \frac{K_1 + K_2 + K_3}{Y} = \frac{K_1}{Y} + \frac{K_2}{Y} + \frac{K_3}{Y} = \frac{K_1}{Y_1} \times \frac{Y_1}{Y} + \frac{K_2}{Y_2} \times \frac{Y_2}{Y} + \frac{K_3}{Y_3} \times \frac{Y_3}{Y} \tag{9-5}$$

即：

$$\frac{K}{\mathrm{GDP}} = \sum_i \frac{K_i}{Y_i} \times \frac{Y_i}{Y} \tag{9-6}$$

从式(9-6)可以看出，资本产出比是各产业资本产出比与各产业 GDP 占比共同作用的结果。

(三) 资本产出比的分解

基于资本产出比的变动取决于各产业资本产出比和各产业 GDP 占比，因此，有必要对资本产出比进行分解，以探究资本产出比上升是产业结构升级还是投资效率下降导致的。在资本产出比的分解过程中，一般将各产业 GDP 占比对整体资本产出比的影响称为"产业间效应"，各产业资本产出比对整体资本产出比的影响称为"产业内效应"。为了精确地衡量这两种效应影响的权重，可以运用度量模型和分解模型对其进行分析。其中，度量模型主要用来度量整体资本产出比的变动，分解模型则用来衡量各产业资本产出比和各产业 GDP 占比这两个要素变化对整体资本产出比变动的影响大小。

1. 度量模型

度量模型的设定借鉴 Solow(1958)对"Kaldor 事实"[①]进行质疑的方法，该方法近年来被频繁采用。在已有研究的基础上，可以对该方法进行重新整理。将整体资本产出比实际序列的变动称为"实际变动"，用整体资本产出比的标准差 σ 表示。整体资本产出比 KY 是各产业内的资本产出比 KY_i 的加权平均，权重是各个产业增加值在整个 GDP 中所占的比重 w_i，具体公式如下：

$$KY_t = \sum_{i=1, 2, 3} W_{it} \times KY_{it} \tag{9-7}$$

式(9-7)中，KY_t 表示 t 年的整体资本产出比，KY_{it} 表示 t 年第 i 产业的资本产出比，W_{it} 表示 t 年第 i 产业增加值在整个 GDP 中所占的比重。为了分别度量两者作用大小，进行如下处理：

首先，假定各产业 GDP 占比保持在基年(base)状态，在资本产出比实际序列的基础上，构造"各产业 GDP 占比"序列，计算方法如下：

$$KY_{t(Wbase)} = \sum_{i=1, 2, 3} w_{i, base} \times KY_{it} \tag{9-8}$$

式(9-8)中，$KY_{t(Wbase)}$ 表示各产业 GDP 占比不变情况下 t 年整体的资本产出比，KY_{it} 表示 t 年第 i 产业的资本产出比，$w_{i, base}$ 表示基年第 i 产业增加值在 GDP 中所占的比重。

从式(9-8)可以看出，假定各产业 GDP 占比保持不变，则整体资本产出比的变动主要受各产业资本产出比变动的影响。在此基础上，进一步假设在各产业 GDP 占比不变的同时各产业相互独立。此时，依据各产业资本产出比的方差 var_{KY_i}，可求出整体资本产出比的方差 var_{KY}，即：

$$var_{KY} = \sum_{i=1, 2, 3} (w_{i, base})^2 \times var_{KY_i} \tag{9-9}$$

根据式(9-9)求得的标准差，可以度量在各产业 GDP 占比不变且各产业相互独立情况下整体资本产出比的变动。

2. 分解模型

通过度量模型，可以判断各产业 GDP 占比变化和各产业资本产出比变化对整体资本产出比变化影响的相对大小，但要想精确判断两种效应，即得到绝对量，还需对其进行分解。根据 Solow 的方法，建立以下模型：

---

① "Kaldor 事实"，是指从长期来说经济增长具备以下特征，即人均产出增长率、资本产出比、资本的实际回报率以及国民收入在劳动力和资本之间的分配等都大致稳定不变。

$$\text{KY}_t - \text{KY}_{t(\text{Wbase})} = \sum_{i=1,\,2,\,3} (w_{it} - w_{i,\,\text{base}}) \times \text{KY}_{it} \tag{9-10}$$

$$\text{KY}_{t(\text{Wbase})} - \text{KY}_{\text{base}} = \sum_{i=1,\,2,\,3} w_{i,\,\text{base}} \times (\text{KY}_i - \text{KY}_{t,\,\text{base}}) \tag{9-11}$$

$$\text{KY}_t - \text{KY}_{\text{base}} = \sum_{i=1,\,2,\,3} w_{it} \times \text{KY}_{it} - \sum_{i=1,\,2,\,3} w_{i,\,\text{base}} \times \text{KY}_{i,\,\text{base}} \tag{9-12}$$

式(9-10)表示"产业间效应"，即各产业 GDP 占比变化对整体资本产出比变动的影响；式(9-11)表示"产业内效应"，即各产业资本产出比变化对整体资本产出比变动的影响；式(9-12)表示"总效应"，即各产业 GDP 占比变化和各产业资本产出比的共同作用对资本产出比的影响，其值为"产业间效应"和"产业内效应"之和。

二、增量资本产出比

增量资本产出比(Incremental Capital-output Ratio，ICOR)指当年投资与当年新增 GDP 的比值，也称为边际资本产出比，表示增加单位产出需要的资本增量。ICOR 上升说明增加总产出需要的投资额数量增加，意味着投资效率下降。其计算公式为：

$$\text{ICOR} = \Delta K / \Delta \text{GDP} = I / \Delta \text{GDP} \tag{9-13}$$

式中，ΔK 表示资本增量即当年投资额；

ΔGDP 表示当年国内生产总值的增加量。

ICOR 的经济含义是指增加单位总产出所需要的资本增量。同样数额的投资，ICOR 越小，那么所带来总产出增长越多，这笔投资就越有效率；反之，如果 ICOR 越大，则说明增加单位总产出所需要的投资量越大，意味着投资效率较低。

一方面，用增量资本产出比来测算投资效率的优点十分明显：用这一方法数据获取难度低，算法比较简单，易于操作，经济含义易于理解；同时，ICOR 作为国际通用的投资效率指标，具有广泛的认可度和可比性，不同国家和地区之间的投资效率可以通过 ICOR 进行比较，为政策制定和国际合作提供参考。但是这一方法也具有局限性：增量资本产出比不仅忽略了固定资产折旧，也回避了资本存量估计与折旧率设定的难题，再加上随机扰动的存在，此方法估计的准确性和稳定性便难以保证。

另一方面，由于增量资本产出比反映的是投资与增量 GDP 之比，但在实际经济运行中，GDP 的增加既可能是其他生产要素增加的结果，也可能是原有资本存量利用程度更加充分的结果，因而也就不能用增量资本产出比的变化完全表示投资效率的变化。

从经验上看，在投资率高的年份，增量资本产出比往往会呈现下降的趋势，而在投资率低的年份，增量资本产出比往往会呈现上升的趋势。这看似不符合边际收益递减规律，与常识相违背，但进一步分析可以发现，投资率高的年份一般意味着经济处于上行周期阶段，资本存量的产能被更充分地利用，导致国内生产总值增加，从而增量资本产出比下降；而在投资率低的年份，一般意味着经济处于下行周期阶段，往往伴随着更多的存量资本被闲置，存量资本闲置导致的产出减少也归于了新增资本，所以导致增量资本产出比上升，因而增量资本产出比与经济周期及波动存在密切的联系。

例如，当经济体受到某种冲击，导致其总产出大幅下降，如果增量资本保持不变，增量资本产出比将会大幅上升。但是，此时的增量资本产出比的上升或效率的下降更多地归因于存量资本的闲置，而不是新增投资缺乏效率。同理，这也可以解释某些年份的增量资本产出比为负值的情形，因为无论从理论还是实践看，新增资本对国内生产总值的贡献不可能为负，显然是原有资本存量被大量闲置导致的产出减少被误认为是新增资本的结果。

因此，增量资本产出比的这一缺陷以及相对于资本产出比而言较大的波动性，使其在衡量投资效率方面不及资本产出比。

三、资本产出弹性

资本产出弹性是衡量产出变化对资本投入变化敏感程度的指标，它表示在其他生产要素投入不变的情况下，资本投入的既定百分比变动所引起的产出百分比变动。具体来说，资本产出弹性是指当资本投入增加1%时，由此带来的产出变动的百分比。资本产出弹性反映了资本在生产过程中的效率，即资本投入的增加能够带来多少比例的产出增加。如果资本产出弹性较高，说明资本投入的增加对产出的提升作用较大；反之，如果资本产出弹性较低，则说明资本投入的增加对产出的提升作用有限。资本产出弹性作为经济学中的一个重要概念，被广泛应用于宏观经济分析、产业研究以及企业决策。

资本产出弹性的大小受到以下因素的影响：一是行业特性。不同行业对资本的需求和依赖程度不同，因此资本产出弹性也会有所差异。例如，资本密集型行业（如重工业、化工业等）的资本产出弹性通常较高，因为这些行业需要大量的资本投入来支持生产；而劳动密集型行业（如服务业、农业等）的资本产出弹性则相对较低。二是技术水平。技术水平的提高可以提升资本的使用效率，从而增加资本产出弹性。例如，采用先进的生产技术和设备可以减少对资本的浪费和损耗，提高资本的生产效率。三是市场条件。市场条件的变化也会影响资本产出弹性。例如，在市场需求旺盛的情况下，企业可能会增加资本投入以扩大生产规模，此时资本产出弹性可能会上升；而在市场需求疲软的情况下，企业可能会减少资本投入以降低成本，此时资本产出弹性可能会下降。

资本产出弹性通常基于生产函数的模型进行计算。

当生产函数为 Cobb-Douglas 形式时，即 $Y = AK^{\alpha} L^{\beta}$，存在：

$$\frac{\frac{\partial Y}{Y}}{\frac{\partial K}{K}} = \alpha \tag{9-14}$$

而对于一般 CES（Constant Elasticity of Substitution）生产函数，即 $Y = [\alpha K^{\rho} + (1 - \alpha) L^{\rho}]^{\frac{1}{\rho}}$，有：

$$\frac{\frac{\partial Y}{Y}}{\frac{\partial K}{K}} = \frac{\alpha K^{\rho}}{\alpha K^{\rho} + (1 - \alpha) L^{\rho}} = \frac{\alpha K^{\rho}}{\alpha K^{\rho} + 1 - \alpha} \tag{9-15}$$

由上式可以看出，其他条件不变时，α 越大，资本产出弹性越高。

作为评估投资效率的指标，资本产出弹性具有直观性，能清晰展示资本与产出的关联，便于理解并比较不同投资项目的经济效益。同时，它提供了一个量化工具，使投资效率的分析更为客观和科学。然而，该指标也存在局限性，资本产出弹性高度依赖生产函数模型的设定及数据质量，选择不同的生产函数模型及数据的误差或缺失会影响测算结果的准确性。此外，随着时间的推移，投资效率会因为市场环境、技术进步等因素的变化而发生变化，而作为一个静态衡量标准，资本产出弹性只能反映特定时期的投资效率，无法呈现投资效率的动态变化。

四、AMSZ 准则

经济运行的动态效率(Dynamic Efficiency)是基于长期增长视角的概念，用来评估一个经济体的储蓄水平是否与其经济最优增长所需的储蓄相匹配。这一概念的核心在于探讨资本积累是否过度，因此也被称为资本积累的动态效率。戴蒙德(1965)首次描述了动态无效的情况，即在竞争经济的长期均衡状态下，也可能出现资本过度积累，导致资本的边际生产率低于经济增长率。简而言之，当资本存量超过黄金律(Golden Rule)水平时，经济被视为动态无效的。

自动态效率的概念于 20 世纪 60 年代在增长理论中被提出以后，很长一段时间的文献中都缺乏一个可操作性的、经验的尺度来判断现实世界的经济是否存在动态无效。Abel、Mankiw、Summers 和 Zeckhauser(1989)通过将不确定性引入 Diamond 的两期世代交叠经济中，推导出一个检验随机动态经济的帕累托最优的总量检验标准"AMSZ 准则"，即所谓的净现金流准则。AMSZ 准则可以看作是戴蒙德世代交叠模型的一个扩展或应用。戴蒙德模型是一个用于分析跨期消费和投资决策的经典模型，它考虑了不同世代之间的经济联系和相互影响。具体来说，AMSZ 准则认为，如果经济体在某一时期的资本总收益大于或等于总投资，则经济是动态有效的。这意味着经济体中的资本得到了充分利用，并产生了足够的回报来支持未来的经济活动。反之，如果资本总收益小于总投资，则经济被认为是动态无效的，可能存在资本过度积累或资源浪费的现象。

在具体运用该准则时，Abel 等(1989)用总资本收益和总投资的差来代表净现金流，并对总资本收益和总投资作出定义：总资本收益=国内的要素收入(国民收入)+资本折旧-劳动者薪酬-业主制企业中的劳动收入，或者是通过加总利润、租金和利息而得到资本总收益；总投资=住宅投资+非住宅投资+存货增加；净现金流=总资本收益-总投资。

尽管 AMSZ 准则在衡量投资效率及其他领域具有广泛应用，但也存在一定的缺陷。首先，AMSZ 准则主要关注资本的总收益与总投资之间的比较，但该准则忽略了技术进步、制度变革、人力资本积累等对经济动态效率的影响，从而无法全面反映经济体的动态效率。其次，在应用 AMSZ 准则时，需要获取关于资本总收益和总投资等关键指标的数据。但是，经济活动的复杂性和多变性，很难保证数据的准确性、一致性及可比性。再次，AMSZ 准则的推导和应用基于一系列假设条件，如完全竞争市场、理性行为人等。然而，在现实中，这些假设条件往往难以完全满足。最后，AMSZ 准则将资本的总收益与总投资之间的比较作为判断经济动态效率的唯一标准，这可能过于简化和片面。

实际上，经济动态效率是一个复杂的概念，涉及多个方面和多个维度。因此，仅仅依靠 AMSZ 准则来判断经济体的动态效率存在一定的局限性。

☞ **思考题**

1. 简述投资产业结构演变的基本规律。
2. 什么是"资源诅咒"，其发生的机制是什么？
3. 简述企业家才能对投资产业结构的影响。
4. 简述投资产业结构与产业结构之间的关系。
5. 简述运用资本产出比衡量宏观投资效率的局限性及改进方法。
6. 简述运用增量资本产出比衡量宏观投资效率的优缺点。
7. 简述运用资产产出弹性衡量宏观投资效率应注意的问题。
8. 简述 AMSZ 准则的内涵及适用性。

第十章　融资结构与货币供给

融资方式可以划分为间接融资和直接融资。首先，本章简述了间接融资与直接融资的界定、各自的特点及影响因素。其次，结合商业银行特有的货币创造功能，分析了间接融资对货币供给的影响。最后，运用具体的例子结合货币转移及货币消失探讨了直接融资与货币供给之间的关系。

第一节　融资结构的界定、特点及影响因素

一、不同融资方式的界定及特点

一般而言，融资先于投资，投资需要资金的支持才可以完成。融资方式可以划分为间接融资和直接融资。间接融资是指投资方与储蓄方以商业银行为中介实现资金的融通，双方并未建立起直接的关系，主要指银行贷款。直接融资是指以股票或者债券为凭证，资金余缺双方通过证券市场实现资金与资产所有权、债权的互换，主要方式是发行股票和债券。最早提出间接融资与直接融资概念的是格利（Gurley）和肖（Shaw），他们指出，"间接融资"的定义是资金盈余者通过存款等形式将闲置资金提供给银行，再由银行贷款给资金短缺者的资金融通活动。[①] 而"直接融资"则是资金短缺者与资金盈余者之间直接协商，或在金融市场上资金盈余者购买资金短缺者发行的有价证券的资金融通活动。[②]

在国际上，往往用"市场主导型融资"与"银行主导型融资"来划分融资模式。这一划分和间接融资与直接融资的区别主要体现为，前者更强调从存量角度看待融资结构，后者则是从增量角度看待融资结构。但一般而言，两者具有内在对应关系，间接融资为主的国家往往采用的是银行主导型融资模式，而直接融资为主的国家往往采用的是市场主导型融资模式。由于受市场环境、政策的影响，增量角度的波动性要大于存量角度的波动性，而且数据可得性较差，不利于国际对比，因此在国际上往往用存量指标划分融资模式。但在我国，无论在学术研究还是具体实务中，一般都用直接融资与间接融资这种增量角度的指标代表融资结构。

---

① 这一定义是通常的理解，在实际业务中，不是先有存款，然后通过银行将存款让渡给贷款方，而是"先有贷款，再有存款"，即贷款不是来自现有的存款，而是存款来自贷款。

② Gurley J G, Shaw E S. Financial Aspects of Economic Development. The American Economic Review, No. 5, 1955.

直接融资又可以分为一级市场和二级市场。前者又称发行市场，通过发行股票、债券把社会闲散资金转化为生产资本，既为发行人募集资金，又为资金盈余方提供投资场所；后者又称交易市场，是一级市场发行的有价证券流通交易的场所。一级市场与二级市场互相依存、互相制约，一级市场发行有价证券的数量与种类决定二级市场交易证券的规模和结构，二级市场的供求状况与价格水平也影响一级市场的发行情况。

直接融资具有以下特点：一是市场化程度高。直接融资的资金提供方会对相应企业的盈利状况、现金流状况等进行综合分析，然后按市场的原则提供资金。二是效率高。作为直接交易的双方，从各自追求自身财产的保值、增值和收益最大化的目的出发，来保证所筹集资金的高效率，同时供求双方联系紧密，可以引导资金的合理流动。三是筹集资金成本相对较低。直接融资避开银行等中介机构，资金供求双方直接进行融资，可以节约交易成本。四是可以分散系统性金融风险。直接融资的投资者直接面对融资者，风险只会在相关投资者中扩散，比较而言，间接融资对银行等金融中介机构有高度依赖性，一旦银行等中介机构破产，则会产生不可估量的影响。

间接融资具有以下特点：一是受政府的影响大。政府政策的变动会导致投资环境的变化，使间接融资行为受到不同程度的干预和管制。二是金融中介掌握融资主动权。在间接融资下资金集中在金融中介机构，债务债权关系能否创造出来取决于金融机构，从而使间接融资的主动权绝大部分掌握在金融机构手中。三是资金具有可逆性。间接融资通过金融机构进行融资，所进行的融资属于借贷型融资，到期必须归还，同时还要支付相应的利息，具有可逆性。

二、融资结构的影响因素

一国的金融结构受很多因素的影响，主要包括经济发展水平、产业结构、法制环境、市场化程度等。正是由于各国在以上因素方面有所差异，融资结构也呈现出不同的形态。从趋势上看，随着经济的发展、产业结构升级、法治环境的完善以及市场化水平的推进，直接融资的占比越来越大，也就是说，金融资源的配置越来越多地经由资本市场进行，金融资源配置的市场化程度也越来越高。

(一)经济发展及产业结构升级是融资结构演变的拉力和推力

融资结构演变由供给(推力)与需求(拉力)两种力量共同决定。在经济发展相对落后、产业结构处于初级形态时，从事生产所需要的资金往往通过银行获得，这是由银行的业务特点决定的。银行只能向风险较低、具有抵押物以及收入流易于评估的投资项目发放贷款，而传统产业正符合这类项目的特点。但是，随着经济的发展及产业结构升级，一些高级产业或行业呈现风险较高、缺乏抵押物且不易对其评估未来收入流的特点，比如某些高科技产业的资产主要是技术、智力及其他无形资产等，这类资产不能成为抵押物且不易对其评估未来可获得的现金流。在这种情况下，银行为这些产业提供资金支持已不符合自身的业务要求，因而这类产业催生了对直接融资的需求，成为直接融资发展的拉动力量。另外，随着经济的发展，人均 GDP 达到一定程度后，人们的储蓄将增加，具有了参与资本市场投资的能力与意愿，从而成为直接融资发展的推动力量。

(二) 法律制度的完善是融资结构演变的重要保障

一方面，直接融资中的股权融资具有不可偿还性，这要求必须加强对中小股东投资者的保护。当大股东可以侵害中小股东权益而不受到相应的惩罚时，显然会降低中小投资者参与资本市场的意愿，也就不可能实现间接融资向直接融资的转变。另一方面，直接融资模式下，投资主体通过更为市场化的方式获取资金，然后经过投资活动创造出新的储蓄，资金需求方披露的信息越充分和客观，则投融资双方的信息就越对称，市场的范围就越广，市场的层次就越丰富，储蓄方与投资方匹配的效率也就越高。因此，完善法治，加大监管力度，强化公司治理及信息披露是直接融资模式发展的基础。总之，直接融资模式对法律制度的完善及细化具有更高的要求。

(三) 经济市场化程度与直接融资比重密切相关

市场化程度越高，市场的范围越广，资金需求和资金供给能够实现有效匹配的可能性就会越大。资本市场配置金融资源的市场化程度较银行体系更高，而经济市场化程度与分工密切相关。亚当·斯密在他于1776年出版的《国民财富的性质和原因的研究》一书中就曾专门探讨分工与市场范围的关系。他明确指出："分工受市场范围的限制。"[1]市场化程度越高，分工就会越细，资金融入方与资金融出方的类型就会越多，进而更需要资本市场实现投融资双方的有效匹配。反过来说，资本市场越发达，就越能满足投资融资双方的有效匹配，从而促进分工，使市场化程度更高。另外，市场化程度越高，分工越细致，专业性投资机构的出现会提高资本市场的运作水平与效率。因而，经济市场化程度与资本市场发展或直接融资比重上升相互影响、相互促进。

第二节　间接融资与货币供给

一、货币外生论——现代货币主义

(一) 思想渊源——货币数量论

20世纪30年代与40年代凯恩斯的思想被普遍接受之前，传统货币数量论是占统治地位的宏观经济理论。[2] 传统货币数量论的历史可以追溯到15世纪哥伦布发现新大陆，随后大量金银涌入西欧，至16世纪西欧的价格水平长期剧烈上涨，人们开始密切关注价格水平与货币数量之间的关系，形成了传统货币数量论。它的基本观点是：货币数量与商品的价格水平成正比例变化，流通中的货币越多，商品价格水平越高，货币是因，商品价格水平是果。

---

① 斯密.国民财富的性质和原因研究(上卷).郭大力，王亚南，译.北京：商务印书馆，1972：16.

② 哈里斯.货币理论.梁小民，译.北京：商务印书馆，2017：56.

　　1911 年，费雪出版《货币的购买力》，目的是阐述货币购买力的原理，侧重货币交易媒介职能。费雪认为，统计上的货币指铸币与钞票，"无论何种财产权，在交易上为一般所愿意收受的（Generally Acceptable），即可称为货币（Money）。"[1]"真正的货币有两种：基本货币和信用货币。基本货币的材料在铸成货币时的价值与别种用途时的价值相等……信用货币的价值部分或全部依赖于人们是否相信它能够在银行或政府机关兑换基本货币，或相信无论如何它可以偿付债务、购买货物。基本货币的主要例子是金币，信用货币的主要例子是银行钞票。"[2]货币的主要特点是"一般所愿意收受的"，次要特点是财产权和交易媒介。可见，费雪认为的货币大体上指铸币与钞票，相当于现在的 M0。货币与支票存款的关系为：（1）货币和支票存款是流通媒介的主要形式，都是财产权，主要职能都是交易媒介；（2）作为货币之一的银行钞票和支票存款都由银行供给，大部分是商人以其财产为抵押，用本票向银行交换得到的，这反映了银行是一种把不能直接流通的财产变成流通媒介的机构；（3）支票存款不是货币，因为支票存款不是"一般所愿意收受的"。

　　由于支票存款也会影响物价，因此需要将其纳入物价水平的研究中，因而，费雪交易方程式的完整表达是：

$$M \cdot V + M' V' = P \cdot T \tag{10-1}$$

式中，M 和 M' 分别表示货币和支票存款数量。V 和 V' 分别表示货币流通速度和支票存款流通速度，即分别表示一年内货币与货物交易的平均次数和一年内支票存款与货物交易的平均次数。

　　P 表示价格水平（General Level of Prices），是货币购买力的倒数。

　　T 表示交易量，即以货币购买的货物数量。

　　M 与 M' 的影响因素既有联系也有区别。M 的影响因素主要有货币输出国外与输入国内、货币铸造与融化、货币金属的生产与消费、货币制度与银行制度等。M' 与 M 之比取决于个人的习惯，在常态下（Normally）是稳定的。

　　按费雪的观点，货币流通速度与交易量之比恒定，虽然公式（101）是一个恒等式，但货币数量居主导地位，货币数量发生变动时，价格水平以正比例随之变动。费雪方程式强调货币的交易功能，又被称为"现金交易说"。

　　英国剑桥学派的创始人马歇尔强调货币与价格水平的关系决定于人们手中持有的货币数量，提出了"现金余额说"。据此，马歇尔的学生庇古提出了剑桥方程式：$M_d = kPY$，其中，M_d 为名义货币需求，k 表示以货币形式拥有的财富占名义总收入的比例，P 代表价格水平，Y 代表实际收入。因而，如果 k 与实际收入 Y 不变，价格水平同货币数量的变化成正比例，价格水平的高低取决于货币数量的大小。

（二）现代货币主义

1. 现代货币主义的基本内涵

①　Fisher I. The Purchasing Power of Money，New York：Macmillan，1911：5.

②　Fisher I. The Purchasing Power of Money，New York：Macmillan，1911：11.

在早期货币数量论的基础上，弗里德曼在 1956 年发表了《货币数量论———一个重新表述》一文。在这篇文章中，弗里德曼认为"货币数量论首先是一种货币需求理论，而不是关于产量、货币收入或价格水平的理论。对这些变量的任何一种表述都要求把货币数量论与关于货币供给状况和其他变量的某些说明结合在一起"。[1]

弗里德曼赞同"现金余额说"，强调货币作为一种资产的作用，因而，他认为，按照"现金余额说"，应该把活期存款与定期存款也包括在货币内。除此之外，弗里德曼还认为货币具有生产性。弗里德曼指出，"对于经济中的最终财富拥有者，货币是一种资产，是持有财富的一种方式。对生产性企业来说，货币是一种资本品，是生产性服务的来源，与其他生产性服务相结合，生产出企业销售的产品。"[2]关于货币需求和货币供给，虽然弗里德曼像凯恩斯一样侧重货币需求分析，但不再具体分析持有货币的动机，而是基于消费者选择理论和生产性服务分析，分别研究最终财富拥有者的货币需求和生产性企业的货币需求。

弗里德曼把货币需求者分为最终财富拥有者和生产性企业，先是分析最终财富拥有者的货币需求，然后分析生产性企业的货币需求。

最终财富拥有者在考虑如何保有自己的财富时，要选择持有货币还是其他资产。借鉴消费者选择理论，最终财富拥有者的货币需求主要取决于以下三个因素：

第一，以各种形式持有的总财富———类似于预算约束。最终财富拥有者能够持有的货币量以其总财富量为限。由于在实证研究中很难获得总财富的估计数，弗里德曼用永久收入表示总财富。永久收入指人们预期可以持续到未来的收入，即过去、现在和未来收入的平均数。永久收入越大，货币需求越大。同时，弗里德曼把总财富分为人力财富和非人力财富，人力财富指个人获得收入的能力，非人力财富指物质财富。人力财富不能像非人力财富那样可以随时在市场上买卖以转换成收入或其他资产。所以，人力财富的总财富占比越大或非人力财富的总财富占比越小，货币需求越大。

第二，货币与替代财富形式的价格和回报。货币能否产生收益取决于货币类型。铸币与钞票的名义收益率为零，活期存款的各项费用形成负的名义收益率，定期存款的利息形成正的名义收益率。债券和股票的名义收益率包括两部分：一是现期支付的利息、股息等，二是这些资产的名义价格变动导致的资本利得或资本损失。货币相对于其他资产的名义收益率越大，货币需求越大。

第三，最终财富拥有者的偏好。此类因素指最终财富拥有者对于持有货币的心理偏好。这一心理偏好越大，货币需求越大。

综合以上三个因素，弗里德曼给出了最终财富拥有者的实际货币需求函数：

$$\frac{M^d}{P^P} = f\left(Y^P;\ r_m,\ r_b,\ r_\varepsilon,\ \frac{1}{P} \cdot \frac{dP}{dt};\ w,\ u\right) \tag{10-2}$$

① Fisher I. The Purchasing Power of Money. New York：Macmillan，1911：11.

② Friedman M. The Quantity Theory of Money：A Restatement. The University of Chicago Press，1956：3-21.

$\dfrac{M^{\mathrm{d}}}{P^{\mathrm{P}}}$ 表示实际货币需求；

P^{P} 表示永久价格，弗里德曼认为应该用预期的永久价格水平代替现期的价格水平；[1]

Y^{P} 表示永久收入；[2]

r_{m}、r_{b}、r_{g}、$\dfrac{1}{P} \cdot \dfrac{\mathrm{d}P}{\mathrm{d}t}$ 分别表示货币、债券、股票和实物资产的预期名义收益率；

w 表示非人力财富的总财富占比；

u 表示财富拥有者对持有货币的心理偏好。

以上是指最终财富拥有者的货币需求函数。对于生产性企业的货币需求，弗里德曼认为，只需将 w 排除在外，则上述方程式同样适用。如果忽略分配上的影响，则就能应用于整个社会。

弗里德曼的货币需求方程式即为对货币数量论的"重新表述"，其中心思想在于：货币需求主要取决于作为总财富代表的永久性收入，货币需求及其变动是比较稳定的。据此，弗里德曼得出货币供给变动是实体经济波动与物价上涨的重要原因。货币对经济的影响机制为：货币供给→资产选择→利率→投资与消费→价格及国民收入。与凯恩斯不同，弗里德曼强调货币供给量变化的资产组合效应。显然，资产的范围不应局限在货币，利率只是货币这种资产的价格。当货币供给量增加时，货币的边际收益下降，资产持有者会把货币转为其他资产，包括实物资产，在供求力量的作用下，各种资产的价格进而收益率发生变化，一直达到各种资产的收益率相等的均衡状态。同时，随着货币供给量的扩张，经济主体也会增加各种消费品和资本品的购买，从而导致价格、产出及收入水平的上升。所以，弗里德曼认为，货币政策的传导机制不是如凯恩斯认为的通过利率间接地影响投资和收入，而是经由实际货币余额的变动直接影响支出和收入。据此，弗里德曼提出了简单货币规则，即用特定的货币供给增长率适应经济进而货币需求的变化。显然，货币需求的稳定性不是指货币需求不变。

2. 现代货币主义的缺陷

弗里德曼的货币需求函数包括的因素更全面，其中也涉及财富或资产、资产比例构成、资产收益率等因素，但并没有将货币与现实中的实物资产对应，忽略了货币的资产功能。

第一，虽然弗里德曼自称其货币理论是"货币数量论的重新表述"，也提出了"货币至关重要"的理论命题，但对货币的认识还是限于货币的交易功能，即使弗里德曼的货币需求函数中涉及了资产与资产收益率，但至少在社会意义上，与货币的资产性质无关。按弗里德曼的观点，当其他资产收益率提高时，经济主体将少持有货币，多持有其

① Friedman M. The Demand for Money: Some Theoretical and Empirical Results. Journal of Political Economy, No. 4, 1959.

② Friedman M. The Demand for Money: Some Theoretical and Empirical Results. Journal of Political Economy, No. 4, 1959.

他资产，但是，就总体而言，货币需求不会发生改变，因为一个经济主体购买资产减少货币，则出售资产的经济主体必然是减少资产增加货币。在现实中，经济主体持有货币资产的多少与融资结构有关，当一个经济体实物资产的资金来源以直接融资为主时，货币的数量相对较少，股票与债券的数量相对较多，而以间接融资为主时，货币数量相对较多，相应地，股票与债券的数量相对较少。因而，当融资规模相同时，货币需求进而货币供给的多少与一国的融资结构有关。弗里德曼的货币需求函数虽然包含资产，但不是通过融资结构构建货币与资产的关系，只是说明资产的各种特征会影响货币需求。

第二，虽然弗里德曼认为货币是一种生产服务的来源，与其他生产服务结合，可以生产出产品，并分析了生产性企业货币持有规模的决定因素，但是他的分析中几乎没有涉及融资结构及其影响因素。从这个角度看，他同样没有意识到，货币同股票、债券一样，都是储蓄方的权利凭证。弗里德曼认为货币只是起到了协调生产的功能，而没有认识到生产者通过贷款后取得货币是用于购买生产要素，经由货币转移之后，生产要素提供方持有的货币对企业的资产具有索取功能。

第三，在弗里德曼的单一货币规则中，货币数量的增长率需要考虑的因素也没有包括资产的增长速度及融资结构的变化。尽管他分析了货币供给由基础货币、准备金率与现金存款比率决定，但在其分析中，更加强调货币供给外生，即央行通过货币政策工具便可实现货币供给的改变，然后经过实体经济及物价水平的吸收，使货币供给与货币需求重新达到均衡。而且为了达到货币当局可以完全控制货币供给的目的，弗里德曼提出了实行100%准备金的政策方案，以限制商业银行的货币创造。但是，货币供给不能独立于货币需求。与凯恩斯相似，弗里德曼在研究货币如何作用于经济时，都涉及经济主体持有的货币数量不合意，然后通过一系列环节使货币需求量达到合意的水平。可是，既然不合意，经济主体为什么一开始会持有它？这显然是一种货币供给外生的思维方式，即类似于直升机撒钱式的无缘无故得到一笔货币的情形。事实上，货币需求与货币供给始终是相等的，是从不同的角度看待一个经济体中的货币数量，两者不存在孰大孰小。因此，央行所做的应该是使货币供给适应实体经济的货币需求，而不是先通过货币供给使经济主体的货币需求不合意，然后经由经济主体调整货币需求量，达到货币政策的目标。由于现实中的资产以何种资金来源方式形成决定了货币需求进而货币供给的数量，因此，抛开资产规模的增加及其融资结构的差异，以产出增长率为核心标准建立货币供给增长率的规则，也就使得这一政策主张的应用价值不具有一般性。

二、信用货币条件下货币运行的逻辑

(一) 中央银行与商业银行的双层货币创造体系

在现代信用货币制度下，中央银行和商业银行在货币创造的过程中发挥着重要作用。中央银行作为国家干预和调控国民经济运行的重要机构，所发行的货币具有法定的最终清偿能力，并且有权利用政府信用支持商业银行进行货币创造活动。具体而言，中央银行利用再贷款、再贴现、抵押补充贷款等结构性货币政策工具和公开市场操作、法定准备金率调整等数量型货币政策工具为商业银行提供基础货币和信用背书。

基础货币由流通中的现金、商业银行法定准备金和超额准备金构成。货币乘数与法定准备金率、超额准备金率、现金比率有关，法定准备金率越高，商业银行可用于放贷的资金相对越少，派生的存款就会越少，货币供给量越低。现金比率用于衡量流出货币创造过程的资金多少，与商业银行的货币创造能力反向变化。显然，与实物货币制度下货币当局可以直接控制货币发行的货币供给外生不同，在信用货币制度中，商业银行可以直接创造货币，因此货币供给具有很强的内生性。

超额准备金在一定程度上可以表征银行的潜在放款能力，"支持"着商业银行的货币创造活动。从最初时点来看，商业银行不具备发放贷款的货币基础，只有从中央银行取得借款，持有了超额准备金，才可以向客户发放贷款，扩张资产的同时创造出信用货币，贷款行为同时增加商业银行的贷款债权和存款债务，这表明，单个银行可进行一次性货币创造。显然，中央银行可以通过改变自身的资产和负债，调控商业银行的超额准备金数量，引导信用货币的创造，发挥顶层调控的作用。从这个角度看，货币供给外生和货币供给内生并不是互斥关系，两种机制的核心差异是银行贷款业务的自主性，银行的贷款自主性越强，越有可能直接以贷款方式创造出存款。因而，在信用货币制度下，商业银行的货币创造除受到准备金的影响之外，还会受到诸多因素的约束。

(二)案例分析

为了便于分析，假定是经济主体而不是商业银行从央行取得贷款 1 万元，由于是考察货币的初始生成，以此为起点的分析并不影响关键结论。在此种假定下，央行的资产负债表的资产端为贷款 1 万元，负债端为货币发行 1 万元。甲持有现金 1 万元。当甲将 1 万元现金存入商业银行时，商业银行的资产负债表的资产端为库存现金 1 万元，负债端为存款 1 万元。

如果法定准备金率为 10% 并且现实中有贷款需求，商业银行负债端最大的存款规模为 10 万元，对应了商业银行资产端的 1 万元准备金缴纳和 9 万元贷款；央行的资产负债表的资产端为 1 万元贷款，负债端为 1 万元的商业银行准备金。此时，甲的 1 万元存款(商业银行负债)、1 万元商业银行准备金(商业银行资产)、1 万元商业银行准备金(央行负债)、1 万元贷款(央行资产)形成对应关系；9 万元存款(商业银行负债)与 9 万元贷款(商业银行资产)形成对应关系。

从这个例子可以引申出以下几个启示：

第一，货币存量由央行、商业银行及经济主体共同创造。根据定义，货币存量由流通中的现金与存款构成，其数量的多少或货币乘数的大小取决于央行、商业银行及经济主体的行为。例如，当央行将法定准备金率提高到 20% 时，货币存量规模最多达到 5 万元，而不是 10 万元。当甲并不是将 1 万元现金全部存入商业银行，而是只将 5000 元存入银行时，一旦法定准备率保持 10% 不变，那么货币存量规模最多能达到 55000 元(5 万元存款加 5000 元现金)。甲将 1 万元现金存入商业银行的比例越小，货币存量能够达到的规模就会越小，当甲将 1 万元全部以现金形式持有时，货币存量只有流通中的现金 1 万元。另外，当商业银行持有超额准备金时，货币存量的规模将会变小，例如，当流通中的现金为 0 元，商业银行的超额准备金为 5000 元时，此时货币存量的规模为 5 万元，即商业银行的负债端为 5 万元存款，资产端为法定准备金、超额准备金 1 万元及贷款 4 万元。

第二，贷款决定存款。在现代银行体系下，商业银行不是将缴纳准备金后的剩余存款贷出，而是满足贷款条件即可用复式记账法凭空创造存款(货币)。也就是说，一旦商业银行持有了超额准备金，即具备了发放贷款进行创造存款的能力，直至将超额准备金用完为止，此时货币存量达到最大。从这个角度看，商业银行拉存款的一个重要目的不是用拉来的存款去发放贷款，而是将拉到的存款转化为超额准备金，从而具备更充足的放贷能力。另外，虽然单个银行可以依靠拉存款以增加超额准备金，从而通过发放贷款扩大自身的资产负债表，但对于整个商业银行系统而言，基础货币的规模由央行决定，商业银行作为整体不能增加基础货币的规模，只能改变基础货币的构成。在本例中，基础货币的规模是 1 万元，如果央行的资产端不扩张，无论商业银行如何操作，基础货币的规模也不会增加。显然，如果经济主体没有贷款需求，存款进而货币就不会被创造出来，此时商业银行将持有相对多的超额准备金，即基础货币的结构发生变化。

第三，货币转移。在本例中，如果甲用现金购买商品或劳务，会导致现金在不同主体之间的转移。如果乙由于出售商品获得甲的现金，然后存入银行，那么，流通中的现金减少，存款增加，银行持有超额准备金后便可以发放贷款，这又进入了货币创造的环节。如果甲用自己在商业银行的存款购买生产要素，其存款数量将减少，要素出售方的存款将增加，这属于存款转移，不影响货币供给规模。即使贷款方用自己的存款购买股票等有价证券，也是有价证券出售方的存款增加，贷款方的存款减少，同样属于存款转移。也就是说，在本例中，只要商业银行资产端不创造出更多的贷款，经济主体的任何买卖行为都不能增加货币存量，只是改变货币存量的持有主体。

第四，货币消失。在本例中，当甲向商业银行支取现金时，如果商业银行有超额准备金，则不会影响货币存量，只是改变货币存量结构，即现金增加，存款减少。一旦商业银行没有超额准备金，那么甲的取款行为就会导致货币消失。假定，甲有 1 万元的存款，无现金，商业银行负债端为 10 万元的存款，资产端为 1 万元的法定准备金和 9 万元贷款。如果甲向银行支取现金 1000 元，而商业银行又不能从央行获取贷款，此时，商业银行的存款规模必须收缩为 9 万元，收缩的方式是让贷款方归还贷款，贷款方只能向存款主体出售资产，存款主体的购买行为使自己的存款减少，贷款方的还款行为使自己的贷款减少，直至达到只有 9 万元存款的状态。考察具体的经济运行，更为现实的货币消失是贷款方通过归还贷款使货币消失。比如贷款方运用贷款创造的存款购买了资产 A，这样资产 A 的出售方得到这笔存款，当贷款方通过资产 A 创造的收入归还贷款时，商业银行的存款与贷款就会同时减少，货币存量下降。此时，资产 A 的融资结构会随着贷款的偿还逐渐转向直接融资，当贷款偿还完毕时，贷款人就由债权人成为股东，资产 A 的融资结构相应地完全转变为直接融资。由此可以得出，对于既定的资产(资产 A)而言，融资结构对货币存量具有重要的影响。

第五，货币超发。目前的研究主要基于以下三个理由断定我国存在货币超发：一是货币存量规模居世界之首，且货币存量与国内生产总值之比持续上升并显著高于世界平均水平；二是货币增速高于 GDP 增速与物价水平增速之和；三是物价水平上涨。第一、第二个理由是类似的，都是说明货币存量比名义 GDP 增速快。第三个理由则与第一、第二个理由相反，用物价水平上涨说明货币超发。在本例中，可以发现，以存款代表的货币反映的是债务债权关系。因而，货币存量 M₂ 并不是代表购买力甚至潜在购买力的合适指标，也不是代表一国资产规模或财富量的指标。另外，由于货币在很大程度上反映的是债权债务关系，这种凭证的多少与融资结构与资产规模或财富总量有关，但与一国资产规模或财富总量并不是等价概念。一个简单的事实是，假定一国的存款主体试图用存款去购买另外一个国家的资产时，存款主体从银行得到的不可能是货币，而是债务主体的资产，即作为记账符号或债权凭证的货币消失。

从具体的经济实践来看，货币中的绝大部分是作为凭证而存在的，对应的是资产，已经被固化，真正用于交易的货币并不多。因此，对于货币是否超发的判断，一是必须结合融资结构与资产规模的变化，如果货币对应的资产产出效率低，可认为边际的贷款进而存款不应产生，即这种债务债权关系不应该产生，属于货币超发。二是物价水平上涨与货币存量之间的关系并不是传统上认为的货币是因、物价是果，在很大程度上，物价上涨是货币存量增加的原因。例如，面对同样一台机器，当融资结构不变时，机器的价格越高，为购置这台机器所需要的贷款进而货币存量（存款）也就越多。与之类似，房价上涨也是货币存量增加的原因，而不是结果，因为购买住房的首付比例（融资结构）不变，房价越高，需要的贷款也就越多，从而存款与货币存量越多。

总之，考察货币创造、货币转移及货币消失一定要结合具体的经济行为对流通中现金及商业银行资产负债表中存款的影响。在现实中，由于流通中的现金占比太小，因而对这一问题的分析就转变为对商业银行资产负债表变化的分析。在分析商业银行资产负债表变化时，需要注意的是，商业银行资产负债表的资产端与负债端一定要同时扩张或收缩，这不但是由复式记账法的性质决定的，更重要的是由经济主体的行为决定的，无法导致资产端变化的行为，也不可能使负债端发生变化。以股票市场价格的变化与货币存量的关系为例，在不通过借贷仅用自有资金购买股票的情形下，股票买卖只能导致货币持有主体发生变化，即货币转移，从而不能使货币存量发生变化，如果通过贷款的方式买入股票，则会使商业银行的资产端扩张，同时存款或货币就会被创造出来。再例如，比较流行的观点认为，居民储蓄存款增加是货币存量增加的重要原因，这显然是同义反复，因为在统计上存款本身就是货币，这里需要回答的问题是，居民储蓄存款为什么增加。如果答案是取得了工资收入，显然是不彻底的，因为居民工资收入增加进而存款增加的过程也是工资发放主体的存款减少的过程，这只是货币转移，而不是货币创造，除非发放工资的主体通过贷款的方式支付工资，这样才会导致商业银行资产端扩张，储蓄存款或货币才会被创造出来。因而，这个问题就会继续转化为，发放工资的主体为什么要贷款，只有这样追问才能发现货币存量增加的原因。

三、货币的本质

间接融资模式下的投资过程涉及投资方、要素提供方以及商业银行这三个经济主体。在初始阶段，投资方获得商业银行的贷款，并将贷款存入账户中以购买生产要素，商业银行资产负债表中资金运用（贷款）和资金来源（存款）同时增加。在投资过程中，投资方支付生产要素费用，存款减少，而要素提供者的存款增加，但是商业银行的存款规模不变，当投资方的存款完全转移至要素提供方时，这意味着投资向储蓄转化完毕，要素提供方(储蓄方)的存款对投资方的贷款进而对投资所形成的资产具有索取权，商业银行起到了联系投资方与储蓄方权利关系的作用，货币(存款)是储蓄方的权利凭证，是反映权利关系的"借条"。投资完成进入生产、销售阶段后，投资方将获取的收入偿还贷款，从而贷款余额减少，存款主体(储蓄方)也因购买产品使存款减少，因而商业银行的资产负债表缩小，这一过程也意味着融资模式从间接融资向直接融资转化，即投资所形成的资产逐渐归为投资方所有。考虑到经济活动的动态特征，在投资总规模持续增加的情况下，新增贷款数量大于还款数量，商业银行的资产负债表会不断扩张，货币数量增加。因而，间接融资下货币创造过程体现了"贷款决定存款"的经济逻辑。

从以上过程可以得到如下启示：一是贷款创造存款，没有投资方的贷款，不会出现生产要素持有方最后的存款，这与储蓄方将存款通过商业银行提供给投资方的认识恰好相反；二是投资决定储蓄，正是投资方组织运用生产要素进行投资，才使得生产要素转化为资本品(储蓄)，因此，如果没有投资这一生产行为，也就不会产生储蓄。这意味着，从宏观角度看，没有投资也就不会形成资产，储蓄也就没有对应物。三是存款(货币)是储蓄的权利凭证，生产要素持有方让渡生产要素取得货币，因而货币是让渡生产要素的权利凭证。与私人之间生产要素的借贷需要出具借条的本质一样，货币是通过商业银行形成借贷关系的"借条"，是资产的权利凭证，相应地，货币的交易功能是基于权利凭证功能派生出来的。

因而，在信用货币制度条件下，货币主要反映债权债务关系，这种债权债务关系的规模主要取决于资产的规模及其融资结构。货币存量持续增长往往并非基于央行过于宽松的货币政策，而是源于经济高速增长中资产规模的快速扩张，从而货币供给是内生于实体经济的。一个隐含的结论是，由于货币反映的是债权债务关系，这种债权债务关系是否存在风险，则取决于货币所对应资产的产出效率。

第三节　直接融资与货币供给

一、一级市场与货币供给

在一级市场，企业通过发行股票或债券等有价证券募集资金。在认购阶段，资金从存款人账户流入发行人的账户中，并没有在商业银行资产负债表中创造出新的存款，即没有产生增量货币，只是存款主体发生改变，认购人通过让渡存款所有权获取有价证券，拥有了发行方资产的股权或债权的凭证；在投入生产阶段，发行人购买生产要素，因此资金从发行人账户流入要素提供方的账户，依旧是存款主体的转移，不改变货币供给规模；在投入完成后，对所形成资本拥有索取权的实际上是股票、债券持有人。由于股票、债券的转让以及债券到期偿还，都属于货币转移，不涉及货币创造，因而，无论是一级发行市场还是二级流通市场，都不会对货币供给产生影响。

以上过程可以用同样的例子予以说明。在融资阶段，假定乙是通过发行股票获取投资资金建造工厂，此时只有甲有存款，如果甲愿意用存款购买乙发行的股票，在这一过程中，甲通过让渡存款获得对乙的资产的所有权，存款主体将变为乙。显然，乙存款的目的不是为了获取利息收入而是用于购买投资所需的生产要素。假定丙是要素的出售者，那么，随着要素的购买，乙的存款转移至丙。最后的情形是，丙持有存款，对商业银行原有的资产运用形成索取关系，甲持有股票，对乙的工厂形成索取关系。在这一过程中，存款主体由甲变为丙，存款数量进而货币存量并没有发生变化，且商业银行的资产运用也未发生变化。具体过程如图 10.1 所示。

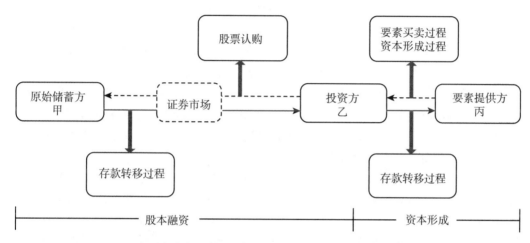

注：实线表示资金流动，虚线表示要素所有权流动。

图 10.1　直接融资过程中的资金流动与资本形成示意图

通过以上分析可以看出，相同的投资或 GDP 创造，在间接融资的情形下会导致货币存量的增加，而在直接融资下并未导致货币存量的增加，只是存款主体发生转移。总之，直接融资模式下，经济主体是以股票或债券等凭证代表对现实中资产的权利，间接融资模式下，经济主体是以银行存款(货币)代表对现实中资产的权利，正是这种权利凭证的差异，使货币存量在融资模式不同的国家会有所差异。

值得注意的是，商业银行认购非银行类公司债券和股票，也会影响其资产负债表，银行资产端的证券投资资产增加，负债端存款增加，导致货币扩张。假设商业银行买入 100 元乙的股票，那么商业银行的资产负债表的负债端同样会增加 100 元乙的存款。

以前例分析的逻辑，如果乙用存款购买丙的生产要素，最终索取关系为：丙的存款、商业银行的股票、乙的资产。因此，与通过贷款的方式获取资金相比，乙通过向商业银行发行股票获取资金，对货币存量的影响是相同的，也属于间接融资，只是在这种情形下，商业银行的资产运用科目由"贷款"变为"股票"，真正的索取关系并未发生变化。

二、二级市场对货币供给的影响

凯恩斯将货币需求分为交易性需求、预防性需求和投机性需求三类，前两种货币需求与收入水平有关，投机性货币需求与利率变化有关。凯恩斯认为，投机性货币需求是指经济主体为了以较低价格购买证券而持有的货币。如利率水平较高，证券价格较低，预期证券价格将上涨，经济主体将大量购买证券，货币的投机性需求将变少；反之，当利率水平较低，证券价格较高，经济主体预期证券价格将下跌，因而大量抛售证券，持有货币，以等待证券价格下跌时买入证券，在未来证券价格上涨时获取价差。因此这种持币行为是"投机性"的，即持有货币的目的是等待时机买入低价格的证券。

从宏观角度考察，卖方出售证券货币增加，买方减少货币证券增加，证券和货币的持有主体发生变化，货币与证券各自的数量不会发生变化，从而两者之间不存在替代效应。因此，也不可能存在凯恩斯所描述的投机性货币需求随着利率提高（降低）而减少（增加）的情形，由于买卖是对应的，从而投机性货币需求只是在不同所有者之间发生转移而不是增加或减少。凯恩斯所指的三种货币需求都可归结为交易性货币需求，只是投机性货币需求的待交易对象是证券。由此可见，二级市场的证券交易是货币转移而不是货币创造，从而不会影响货币存量。

证券的交易过程对货币供给的影响可以用一个简单的例子加以说明。假定某一时点的初始状态是，甲持有市值为 40 元的股票，乙持有 100 元银行存款，此时社会上货币供给量 M2 为 100 元。假定二级市场上股价第一轮上涨至 60 元时，乙愿意用其存款购买甲持有的股票，甲卖出股票，其银行存款增加至 60 元，乙买进股票，其银行存款减少至 40 元。此时的情形是甲持有 60 元银行存款，乙持有 40 元银行存款和市价 60 元的股票。此项交易，乙方银行存款的减少对应甲方银行存款的增加，货币存量保持不变，仍旧是 100 元，只是存款主体发生了变化。当股价再次上涨时，股票买方的货币减少对应股票卖方的货币增加，货币存量同样保持不变。在现实中，股价上涨使人们感觉货币变多的原因是，当股价上涨时，股票出售方的存款较购买股票前增加。相应地，股票购买方由于股票的市值高于因购买股票而减少的存款数量，也感觉到财富增加，但这一增加是账面价值增加，并没有使货币真正增加。

与此对应，假定甲持有股票的市值从 40 元跌至 20 元，而乙判定股价已到谷底，愿意用其存款购买甲持有的股票，则最后的状态是甲持有 20 元银行存款，乙持有 80 元银行存款和市价 20 元的股票，总的货币存量依旧不变，即使股票价格继续下跌至 10 元，也不会影响到货币存量，只是甲乙双方都感觉到遭受损失。也就是说，在现实中，股票购买方的股票价值小于因购买股票而减少的存款数量，会感觉到财富减少，但这一减少是账面的减少，同样没有导致货币供给减少。另外，股票价格下跌也不会使货币蒸发，因为股票交易过程中的价格变化并没有导致货币存量发生变化。当然，存在一种假想情形，即央行低价买入股票，在高价位卖出股票，回笼货币，则会导致货币存量发生变化。例如，央行通过货币发行的方式购得 10 元的股票，此时，央行资产负债表的资产端增加股票 10 元，负债端增加货币发行 10 元，相应地，股票出售方持有了 10 元的现金或存款。当股价上涨至 15 元时，央行售出股票，那么，购买方的现金或存款减少 15

元,央行的资产负债表负债端的"货币发行"或"商业银行准备金缴纳"较购买股票前将减少 5 元,"自有资金"增加 5 元。

一般而言,当经济增长时,往往会伴随着融资规模的增加,会扩大贷款规模及股票发行,也会体现为股票价格的上涨,这时便会呈现货币存量增加与股票市场发展。但是,股票价格变化与货币存量之间没有直接的关系,仅通过实证检验的因果关系并不意味着现实经济中真正存在这种因果关系,两种经济现象具有相关性有可能是另外一个因素导致的,即经济研究的中的"共因"问题。人们基于直觉或经验将股票市场发展与货币存量增加这两个"果"误认为两者之间具有因果关系。对于货币股票价格变动与货币存量之间关系,应结合央行与商业银行的资产负债表加以分析。

从逻辑上看,随着资本市场的发展,股票、债券等权利凭证的增长会导致货币供给量减少。经济主体通过间接融资取得资金时,货币数量将增加,通过直接融资取得资金时,股票、债券的规模将增加,因而,货币数量与股票、债券具有替代性,存款(货币)、股票及债券都是融资的权利凭证,对于同样的融资规模,这些权利凭证之间存在此消彼长的关系。由于两者同时增加更符合微观经济主体的直觉,因而运用微观思维对这一问题进行分析时,两者的替代关系被错误地认定为互补关系。进一步地,假定某个企业发行股票用于偿还贷款,存款主体动用存款购买股票,其结果是,商业银行的存贷款规模同时收缩,这会降低货币存量,但会增加股票(股权)数量,显然这是一种间接融资向直接融资的转变,从而会降低货币存量。

关于二级市场对货币存量不产生影响的结论是建立在运用自有资金购买股票的前提之上。由于贷款必然创造等量存款,一旦投资者通过贷款将获得的资金投入股市,必然引起货币供给量增加。或因为购买股票而挤占了本应用于其他用途的货币,为了满足其他用途,投资者需要向商业银行贷款。此外,如果投资者 A 为了购买股票而向 B 借钱,B 将钱款借出后由于资金匮乏向商业银行贷款,从而创造出货币。考虑到这些因素,股票市场的繁荣会间接导致货币需求的增加。

假定初始状态下,甲未持有任何数量的现金或银行存款,乙持有市价 20 元的股票以及 100 元的银行存款,则货币存量为 100 元。由于甲乙心理预期不同,甲预期股价会继续上涨,而乙预期股价下跌,甲从商业银行获得 20 元的贷款购买乙持有的股票,则最后的状态为甲持有市价 20 元的股票,乙持有 120 元的银行存款,20 元的银行存款被创造出来,银行资产负债表扩张,货币存量增加至 120 元。因此,只要经济主体通过银行借贷方式将资金投入股市,就会引起货币存量增加。上例的实质是,乙将股票借给了甲,只不过这一借贷通过了商业银行,乙的存款就是乙对甲持有的股票具有索取权的凭证。值得注意的是,只有通过商业银行贷款然后在二级市场上进行投资的行为才会引起货币存量的增加,任何私人借贷、网络借贷等其他借贷方式所取得的贷款都只是存款主体的转移,商业银行资产负债表未发生扩张,货币存量会保持不变。

从统计口径看,M0 是流通中的现金,不包括商业银行的库存现金,观察央行的资产负债表也可以发现,货币发行的数量大于流通中的现金 M0,多出的部分即为商业银行的库存现金。商业银行的库存现金不应统计在货币供给量之内。例如,当经济主体将现金存入银行时,就持有了与现金等量的存款,经济主体的货币持有量并没有变化,只是货币持有形式由现金转化为存款，如果再统计商业银行资产端的这笔库存现金，则会导致重复计算。因此，在分析存款变化导致货币扩张时，要考虑现金向存款的转化，当现金向存款转化时，并不会导致货币供给的总量的变化，只是货币供给结构的变化。将存款增加等同于货币供给增加，是假定流通中的现金没有发生变化，即存款是贷款创造的结果，而非现金转化的结果。在现实中，由于流通中现金的数量相对较少，更重要的是不同经济主体现金与存款之间时刻进行相互转化，所以现金转化成存款的情形可以忽略不计。因而，二级市场的交易能否导致货币存量的增加，主要考察二级市场的交易行为是否导致了贷款进而存款的增加。

☞ **思考题**

1. 简述银行主导型融资与间接融资的区别与联系。
2. 简述融资结构的影响因素。
3. 简述间接融资与直接融资的差异。
4. 联系实际，说明货币数量论的理论缺陷。
5. 简述凯恩斯关于货币与实体经济关系的观点。
6. 简要评价货币供给外生论与内生论。
7. 简述信用货币条件下货币的本质。
8. 简述资本市场发展与货币供给量之间的关系。

主要参考文献

1. 博迪，凯恩，马库斯．投资学．汪昌云，张永骥，译．北京：机械工业出版社，2017.

2. 费雪．利息理论．陈彪如，译．北京：商务印书馆，2013.

3. 费雪．资本与收入的性质．谷宏伟，译．北京：商务印书馆，2020.

4. 格雷厄姆．格雷厄姆投资指南．王大勇，包文彬，译．南京：江苏人民出版社，2001.

5. 凯恩斯．货币论．何瑞英，译．北京：商务印书馆，1985.

6. 凯恩斯．就业、利息和货币通论．高鸿业，译．北京：商务印书馆，1999.

7. 李嘉图．政治经济学及赋税原理．郭大力，王亚南，译．北京：商务印书馆，1983.

8. 刘涤源．凯恩斯经济学说评论．武汉：武汉大学出版社，1997.

9. 马歇尔．经济学原理．陈良璧，译．北京：商务印书馆，1965.

10. 庞巴维克．资本实证论．陈端，译．北京：商务印书馆，1964.

11. 配第．赋税论．马妍，译．北京：中国社会科学出版社，2010.

12. 萨缪尔森，诺德豪斯．微观经济学．萧琛，译．北京：华夏出版社，1999.

13. 萨伊．政治经济学概论．陈福生，等，译．北京：商务印书馆，2009.

14. 斯密．国民财富的性质和原因研究．郭大力，王亚南，译．北京：商务印书馆，1972.

15. 韦森．重读凯恩斯．上海：上海三联书店，2023.

16. 维克塞尔．国民经济学讲义．解革，刘海琳，译．北京：商务印书馆，2020.

17. 吴晓求．证券投资学．北京：中国人民大学出版社，2020.

18. 西尼尔．政治经济学大纲．蔡受百，译．北京：商务印书馆，2011.

19. 张五常．经济解释．易宪容，张卫东，译．北京：商务印书馆，2001.

20. 张中华．投资学．北京：高等教育出版社，2021.